I0507790

GET YOUR BONUS PUZZLES:

Send us an email **sbrt.notebooks@gmail.com** and get some more sudoku (including Jigsaw Sudoku, X-Sudoku and much more).

Your voice is important:

Please support us and leave a review!

Copyright © 2020 by SBRT Notebooks

All rights reserved

Other Fun Sudoku Puzzle Books

by SBRT Notebooks

- Easy Sudoku Puzzles **by SBRT**
- Medium Sudoku Puzzles **by SBRT**
- Hard Sudoku Puzzles **by SBRT**
- Extreme Sudoku Puzzles **by SBRT**
- Samurai Sudoku **by SBRT**

And much more coming soon!!

Sudoku Rules

Each Classic Sudoku is consisting in 9x9 grid.

Insert the number from 1 to 9 in each row, column and 3x3 box.

Only one simple rule:

A Number Can't Be Repeated in Any Row, Column or Box.

HAVE FUN!

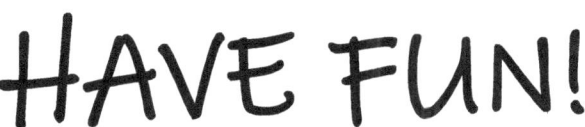

#1

8		7		3		6		
2					1			
3			7					
					7			
			6	1	5	8		
				9	2			3
1	9					4		
4	5	2	1	8		3	6	
								2

#2

					6			
6					1	3		4
	5		3					1
	7							
	6		5				4	7
		2			8			
	9	7	6		2			
		5	4	8			2	6
	4	6						

#3

	6			2		8		
								3
			4	5		2		7
				4				8
6	1				9	5		2
9		7				3		
	7						8	6
		5		1				
3								

#4

2	1	3	8	5				
					9			5
		4		2			8	
							1	4
9	2		7					
7				8		9		
	5	9	1					
	6	8						7
				3		1	9	8

#5

	2	3				1		
	1			2				7
7			9		5	8		
				6		7		1
3	9			7				
	4	6						
					8			3
				4			2	6

#6

9				5				6
	1	6	9			4		
			3	4	6			
	9	2	8					
			2		1	9	6	
5	2		6				4	3
1	8	9					5	
						2	8	

#7

			2		7			
		1	3	7	8	2		4
8	7							6
2			1		9			
	1	3				8	6	
9						4		
		5		2		1		
						3		
3			8			4		7

#8

2	5		3					
		8			2	3		
	3		1			9		
		7		6	9			1
4								
			4	1	7			
					1	5		
5	4			7				8
	6	1						7

#9

	6		4					
	9		6		3	5		7
	7	3		5	9			
		7	3	1			9	2
1								
					7			6
			9		6		5	3
	8	4					1	

#10

			8				5	
	1	5		3	4			
		8		6	9	2	1	
					6	3		
	6	2			8			
							8	9
		1	7		5		3	8
3	5							
							2	5

#11

			5		9	3		
9		3			7			
							6	
3		8					9	2
				1				8
		6	2	9			3	5
7		9	8		3	2		4
4		1						
			7	4				

#12

	9	7		3				
				7				9
			8			6		
	3		2				4	5
		5	9					
		6			5	8		
	8			2				6
		3	8	1		2		
						1		4

#13

		7		3				
				5			4	2
6					1		7	8
2	5				6			
7		1	2	8		4	9	
	6	8	9			5		
						7		
							6	4
			8					9

#14

						4	1	5
4			8		2	7		9
	1		3		6		7	
2		8	1	5	4		9	6
	4							
6		7			5	8	4	
8		3						2

#15

	1							
				2				9
		8	7	3	1	5		
			2		6			
		9		7			8	
			8			6	7	5
	3			8			1	2
			3	4	2		5	8
8						9		

#16

		8	4	5	9			
			1				4	
			6	2	7		3	
7		9		6	5	2		
						6		
	8							5
		7		8		4		
					4	1	7	
9		4		7	6			3

#17

			5					
				4			1	
5			1	2	6			3
			2	1				7
	3							
		7					8	
	7	1					3	2
		6				8		
3	4			5			7	9

#18

		8	9	6			4	3
		3						7
		9		1		5		
4	6			9		3	2	
3	1			4		6		
			2		9			
	5	1	7	8				6

#19

	2	9				6		1
6	3					4	8	
8			4	6		2	9	
		6				9		
				2	8	1		
			7					
		3					1	6
			6	1	9			
7			3	5				

#20

		4			7			1
					6		2	3
1			9					
	7			1				
	5			3	8			9
	4		6			1	8	
6				5		7	4	
					4		5	

#21

		2	9	5	4	7		
			8	3		2		
			1					6
	8						2	
	5	9				4	1	
1				4	2			
8								
3	7	6	4					
				8				3

#22

	7		4	9				8
				5				4
8						1	6	
	8	4	6					2
3	5							
		6					3	7
7	2		3		4			
			2					
		5		6				

#23

		1	5	7				
					8	5	3	
	7	8						
				9		1	6	3
	4	6		5	1			
	1							8
		2	4	6				
		5		1			7	9

#24

								9
	2	3					7	
			6					
	6			2			1	
		9		5	1	2		
	5		3					
5		1	8	7				
					5	1	8	
			9		4			7

#25

6	8			9	7			1
	7	1	6		5			
9			1	3		8		
8	9	4						
							2	
						6		7
	5					1	9	4
7								
	1			5				3

#26

9			4					
		1		9	7	3		5
	8						9	4
2	9							
	6	4						3
	5		6	7			2	
					6			
					1	5	8	
		6			8	1	4	9

#27

1			6					7
7	2	5	9		8		3	6
	9	3	4					
					4			
								8
4	3				2	6	7	
					5			
2		1		8				
			2	4	9		8	

#28

5			7		6			
			1	3			5	9
		2		9				
	1	9	4			3		7
7	2					4		
		5						
							9	
2	8				3			
9			5		4		6	2

#29

	7						4	
			7			2	9	3
	3			9	8		5	
		8			7	3	1	2
5								
				2	4		8	
3	4	1						
				8		4		
			5		3			6

#30

7			1	2			4	
3								
		8	9		5	7		6
			3			2	5	
5				4	2	3		
				6	1	8	7	
	2	1			4			
		6				4	1	2

#31

		4		2				
				8				
	7				9	4		
					3	2		5
	1							9
5		9				3	1	
	5	3				1	8	4
7		8	1		2	9		
4						7	2	6

#32

4		2			5			
	5		2	8	6	7	3	
					3			6
	4				7		1	8
5			4	2	1	3		
2				7				
			9	6		1		3
					8			7

#33

			1				8	
4	5	8	6	1		2		
	9			5				
	4		7		9		1	8
				3			7	
	6	7			3	4		
								9
1	3	9	4					7

#34

7	2				1		5	
		1		4	5	8		7
9								
						7		3
		4	8	5			9	
				7	3			
			6	1				
	5				2			
				3		2	7	4

#35

8		6	7	1				
		7		6	2	5	8	
4	2							6
			3	8				
					6			
				5	9			7
					7	4	3	
	9				6	2		8

#36

	6		4				8	
	3	8			2	6		
							1	5
	7			2	4			
9				6				
			5	1				
	9	5	3	7				
		7	2		9		4	6
6		2						

#37

	9				7	1	4	6
4	7	8						
					2			
5		1						
			1	6				
								9
		5						
	1	2	4				7	
6			7	8		9		5

#38

		6						
7								4
			9			2	5	7
4		7				9	8	
		8	4	7				3
		9	1					2
1			5	6		4		8
6								
	8	4					1	

#39

			7			1		
		6	2		1	9		
3		2		5				
					7		8	
9			1		4			
5			9	3				
						3		
		9	4					5
					6			7

#40

9			3	4		6	7	
1								
			5					
	6				7		3	
			9					
	3	2		8		7	9	
	8	6						
			7	3			8	
						4	2	6

#41

		6		7			2	
		1		5	8			6
	7	8	9		3		5	
	8	5	6		4			9
	3						1	5
	1		8	3				
			5		9	6		

#42

	3	9						
	1							
4				6	8	7		
			6			8		7
						9		
		3	5	1			6	2
9	5			7	6	2		
		6			9		7	4
				4				6

#43

		1						
	8	2		7	6			
	3					8		5
		7	5					
								1
			9	1	7		6	8
6			1		8	3		4
3	9			6			1	

#44

9	7		5	8			3	6
				4				
				6	3		9	
	2	5					8	
				1	9		7	
1	3							
8								
		2	3				5	
	5	7		9				1

#45

					2		9	
9		4				5		
				9		7	3	8
2						4		7
							6	2
4					6	8	5	
			1					
		7			3			9
	3	6	7		9	2	4	1

#46

	9		5			6	1	7
6					7			
						5		
9		6			2		4	
5		1						3
	7	2	3					
					4	2	5	
			9	7	5			4
1								

#47

2								9
		6	3	7	1	4	2	5
					2	1		
	4							
								3
		8					6	1
	1						5	
5			8		9			4
		7		5	4	2		8

#48

	8	6	2	4		5	7	
5	7	9	6	3	8			
					5	3		
								1
9	1				4	8	6	5
		4			6	1		
	6	3						
			8			4		

#49

	3			2	6	1			5
		7				9		4	
			5				3		
		6		9	5				
			4						
	5		3			4	1		8
					9				1
			6	3			7		
								6	4

#50

5		6	3					8
							2	3
7			1					
					9		6	7
6		7		5				1
1					4	8		
	7							
			5				4	2
			2	3	1	8		6

#51

2		1			7		4	
7	5	4						
				6				
		6	3	4			1	
		7			1	9		
				7	9	5	2	
			8		6	3		
9							5	
								7

#52

		8	1	9		6	3	
		6						1
						7	8	5
7			2	6		3		
		5			9			
8							5	
						8	1	7
2		1		5				
			6	3				

#53

		5					6	
				6				9
	9	3			2		5	4
		2	9	4				
								7
				6	9	2		5
	6		3	5	9	8	4	
1	8							2

#54

		5						
			2		3		9	4
		6			7	5	1	
7	3			2				
5			1	4	8		3	
3								
	8	6						
				3	2	1	8	5

#55

4								
				5				1
			2		3			
	3	9	8					
					7	9	3	5
5	1			9	2	8	6	
6						4	7	
8	2	5						
					9			6

#56

2					5			
	1	4	3			6		
				6		2		
3								9
	9		1	4		8	3	6
7							8	4
	4		7					
		9			3		7	2

#57

2	9			4	7			
							9	
3	7							4
5						3		
				2	6	5		8
		1		7				
		9		5			8	2
4	5			1				
7	2			9				5

#58

			4		5		2	
				2	9	1		
	1							7
	3							
	9				2			
						4	1	5
6					1	5	7	
	7				3			
		5		9		3	8	6

#59

9						7		
	1	7					2	
			8	3				
6			4		2			
	9		1		8		5	
2							8	
							4	7
					9			2
3	2	4						1

#60

	5							
			1	4	8			
					6		3	4
	3	4	5	9	7		8	
7						5		
	4	3	2	7		8		6
	8			5	4	1	7	
		9				2		

#61

8	3	1			6			
4			8			6		
		9	3					
		3	7	1	9			
2	5					7		
							9	
		5	9	7			2	
				6	4			5

#62

				9			6	1
				3				
	7	2	8			4		3
	1							
		4	2		8	3		
		5						8
					3		5	
8						6		
		1	7	8				

#63

1				5	7	9		2
9				4	1	5		
	7			8	9			4
5	2	8			4	7		3
		6						
				1	3	8	4	
4	6	1			8			7

#64

				1	6	8		
			4					
		9		5		4		1
		8				5		2
7	4		2	3				
			3			1		
8	3	1		6	9		4	
			5	4		6		

#65

							6	
			2		3		5	
						8		3
3			5	4				
1		7					9	4
8					9	7		
	2					6		
		4		8	6			1
9					5			

#66

		5		4				
7				5				
	3						1	
		8				4	7	
				6	4			2
4		6					3	
8								
				9	5	7	4	
	2		8	7		6	5	1

#67

						4	7	
							6	
		8	1				5	
7					3		1	
5	4							
		2		1				
	8		6		4	7	3	
9	6		8					
								8

#68

	2							
		4			2		3	9
		7		5			4	
		3						1
	7	1		8	5	6	9	
6		5		1	9			3
			9	3	7	1	6	
5								

#69

5						3		
				1		8	5	9
	7	9				2		
7		6	2		5	1		3
9				6				
	3	5	7					
								7
		4	5			9		2
				9	2		8	6

#70

9								2
	7	2			6	8		3
4								
			8		3	4		1
				1		3	5	6
		3		9	5	6		
		7	3	2		1		
				6				8

#71

						4		
1			9		5			
		8		6	4	7		
6		2		7			4	
4		9		5	1	8		
	1				3			
	9	3			2	1		4
2								5
								3

#72

	5		4				7	9
1						8		
				9	6			2
	7			3	4	9		
3			8		9	2		4
	4							
6	8		9	4			3	
			5			4		7

#73

	4				2		7	8
				1				
	9					1		6
1	2				9			7
	6						2	
			2	4	6			
6						7	9	3
8	5				3			
		2		9		8		4

#74

					9		7	
		3	5	4		9		
7				9			8	2
	4		8	7		6	5	1
								7
					1		2	
3	8							
	6	4			7			9

#75

7						5		
3				7			4	2
9			8		4			
					5	6		
	8		3					4
4								
						8	6	
		7		5	2	3		
	3		6	1				

#76

				4		6	2	
9	7		5	2			1	
4	2		1	9	6			
7				5				3
	8				1			
		8				3		9
5								

#77

3								
	1					3		
	6	4		8	9			
	4	7					1	
1		6			3	7	9	
		8	5			6		
			4				8	
					1	2	3	7

#78

	9	3		2			7	
				3				
		7	9			2		5
2	3	4	7					9
6				8	3			
					4		5	
	1		8		6		9	2
							6	8

#79

2					7		4	
			4					
5	1	4				8		3
8			9	7		3		
	9	5						
							2	
	6			8	7	3	2	
9		7		4				6
3	5	2						

#80

					6			
								5
		9		8	7	4		
	1					5	3	2
	5	4		3		9	8	
	8	6		2	5			
			5	8	3		1	
1	7	5						
					9			

#81

						1	9	2
	7							
3								6
8			4	5				
		7			1			
2	1	4			8	3	5	9
9					3	6		5
		6		4				
		2		9				7

#82

8		5	1					6
3					2			
				4			5	1
					9		7	2
		6	3	7	8	5		
				4		3		
						1	9	
4	8				1			

#83

5		1						4
	9			7		3		1
3								
	6	3	1	4				9
		8	2	5				
					8	1		
			9		3			
6	5	2					7	
8	3							

#84

			3				4	
	7	2			1		9	
3	8			7				1
	1				3			
4	9		1	6				8
		7						5
8						4		9
		1					2	
					2	5		7

#85

								6
1					9			4
				3		5	8	9
2	4						3	
		7			5			8
		3		7	6			
6			1		3			
5								
			4	8				

#86

2		1		7	4			5
				2	9		8	
		5		7		3	1	
						6		7
				4			5	
		6			3	1		
5							4	
1	4	7			6			9

#87

7	2						8	
8	3		9	6			2	7
		1						
				1				
	1		5			9		
						4		8
			4	2				
6	5	3						
						3	9	5

#88

		5						8
	7				3			
				6	4	5		
				7				
			9				3	
7	4		8		1			
			7			1		
	9			3				5
2	3	4		5		7		6

#89

	8	2			4		1	
1	6					4		3
	9	5			2	8	6	
					6	2		
5							9	6
	3	4					5	
	4		6	9		5		
					8		6	7	9

#90

9	7			1	6			4
							5	1
2					3	7	8	
				9				
3	1						2	5
4	5				1			
				7				
					8			
		3					9	6

#91

		8		7		4	2	9
4					3	6	1	7
5	8		3			2		
	3	1		9	2			
		9					4	
							5	
			6	9				
		5				9		8

#92

								7
	5	8	6	9	2	4		
4	9				1		6	8
	4		2		9		5	
		1					3	9
9								
					6			
							7	5
5	3		7	8				6

#93

6	1	3		7	2		9	
		8	6					
							6	1
5	2			1				6
1				2		7		
	6	1	2			9		8
3								
		2		9			7	4

#94

	2			9		8	3	
5						2	1	
4		6	3	2				
				1				5
3			5					
				4		9	6	2
			8	5	1	7		
	9							
		1						6

#95

3	5						4	
9	7							
							6	5
7		3		9	8	4		
4	8			6	7		1	9
8	9		6	2		1	4	7
			4					
							9	8

#96

				9				
			7		4		3	
9			1			5		
		5		6				
			6		7			2
		1			3	6	9	
5							4	
6		8						7
4							1	3

#97

8				9	3			
4							1	
		9	6				4	
9	7		2		8		5	6
	8	4	7			3		
5					3			
							6	
						2		4
3	4					8	7	5

#98

5			4					8
8			6	1				
	7	2			5			
						6		
	2	3						4
6		9					5	1
			5				2	
			3	9	2	7		

#99

							9	
8		2						1
	3	5	9	2	8			
6							7	
					1			
		1	2			8		5
								9
9				1	3	2	6	4
	6	3		4				

#100

		9	7					
					5		6	
6				1		3	9	
		6			3			
		5	8					
	7		2			6	8	
3	8					6		
								1
1						7	5	

#101

	4							
3	2	8	5			1		
7					9	6	3	4
8				2				
			8	7		5		
	7		9			8	4	
			4					
1		9	7					
							8	1

#102

5					6	2		
						8		
			5	4		9		
	2		9	7	5			
8		5				1		
			1					
						8	6	9
2	3						7	
9		6	3	5			8	2

#103

		5				4		
8	2	4	5	6	9			
		8	4		3	6		
6		2		7	5			
						2		9
		6	2		5			
				9				3
	3	1	6					

#104

3								
								9
		4		1	9	8	6	
	5	7	4	9		2		
		2	1	7	6	4		
4		6	3	5				1
		1			4		8	
			7	8				
					3			

#105

	4			7		3	9	5
5					3	4	2	6
		5			9	6		
				6	5	2		
4	2					1		9
				6	5	1		
			9	1		7		2
8			2					

#106

		5					8	
7				2				
		2	9		4			3
	9	3	5		8	4		
	7			9	8	6		
		1						
						1		
		6		5		7		
	5	9	2					8

#107

						6		4
4	1		6		2		5	7
			5		9	2		1
5					4			
7		6	1	3				
			8		6			9
	6	4	9		8	1		
		5						
			1					

#108

1				8	3	4	9	2
3				4		7		
5	9							
2	6		7	1				
7	4					6		
			4					3
6	3				2	8		
			3				1	6

#109

8			3				6	9
	6			4	5			
7		3			9			2
5		9		3	6	1		
	2			9				
			4	5	7			
					8	5	3	
		1	5					6

#110

					6	1		
			5	7	4	6	9	
4		6				5		
	6	1					9	4
		5	2	4				
					3			
								1
6						4	3	
2	5							9

#111

4							1	
					8	6	9	2
6			7	1				
	5					3	7	
3		2						4
							8	
		7			4		5	
		5	1	9				
		4						1

#112

3	5							
		2		8		7		
9	7					4	3	2
8						6		
								7
			4			3	2	
	1			7	9			
					5		4	6
					3	2	7	1

#113

1	6				2			4
7		2	1					
5	4	3		7				
		2				3	4	5	8
		4		5		7	2	
								3
							4	7
2	1			6	8	5		
								1

#114

			7		4			
9		5		6			7	
		2						
6	8					9	2	
	5		2	7	3			
			3	9	7		4	1
	1	8	6	4			9	
						7		6

#115

7	8							
			9					
5	4	9				6		8
			4		9		2	
					7			
				2		9		3
9			8				7	6
	1	2					8	
		5	6	1				9

#116

	6		4	3				1
1								
						6	8	
6	4						5	3
		2		7	9		6	
			6					9
4		6						5
2		7	5	8				
			1		6			

#117

9				4		6	7	
	1		5					
3		8			7	5		
						8		3
		2		7	6			
4				3				
								9
		7	1				2	8

#118

4								1
		1	9	8				
		6			1		8	7
9	2	8						
						9		
				6				5
				4				
	6		7			2		8
1					2		7	6

#119

		2			3	8	4	
6								
	3	1						
		3	7					
	4				6		2	
			8		9	4		
				8		6		3
2	6	8	3		5	1	9	
			1	6				5

#120

						9		
	7							6
			4			2	5	
	3	2			1			
6	9	4	2	3	8			
5	1		3			6	4	2
	4	3		6	2	8		
				8				5

#121

1			5		9	3		4
	7			8	4	1		
			2	1				
	1	4		5				
7	2							
8								
					2		7	6
6					1	5		
	8			9				3

#122

								5
9	8		1					
	2		5					
				1	6	3		
						8	2	
	6				7			4
3		1			9		7	
				4	5	9	3	
				7	1	6		

#123

	5						7	3
		3		4				6
2					1	8		
	9	8		2				
	3		7	8		4	5	
						9		
								2
1		7		3				

#124

	3	9			2			6
		5	1	3				
						2		
	7	4			8		9	
	6			7		5		
		1		2	3			
	1	3	9					8
5		6						
								9

#125

	7	9			4	8		
	1	8						3
6	8		4			9	2	5
	8		2		4			
						8		9
			3				4	
			7	5				4
	5			1	9	2		
				8				6

#126

		2			5	4		7
			8	9		5	3	
							9	
8					9	3		5
	5		4		2			
							7	
	4							
				5		7	8	9
		9				2		6

#127

7								8
5							3	
			6		3			
	4					9		
		6		2	9		1	
	1	9	7			4	2	3
		1						
							9	2
	7		2	6				4

#128

		6			4			
			3		1	7	8	
							5	4
						3	4	7
				2			1	9
1					9		3	
		5	8					
9	8			4	7			1

#129

					6			
		6			4			
		1	5	2	9			
	8					3	5	
			7		5	2	9	8
9								
4					2		1	
		9						4
	6	2	8			5		

#130

	7	6	8			9		
								2
3		9	1					
	5				6			3
	3						8	1
				2		7		6
					5		7	
5			4	3				
	4							

#131

	1	6	2	9	8	3		
		9					1	
3	2							
			5					
	9	5	7	4		1		
	3						7	8
6			1	3			8	4
					5		3	
					2			

#132

				4		9		
	5	8		3				
							7	6
	7			1	2		4	
5		6		7	9	2		
	2				4			9
3			6			5		
		4						
							9	3

#133

6		2	3		4		5	
		7						
					5			9
			8			9		3
3	7	5						
				4				1
		3				4		
	8	9			1			5
2					6			

#134

		1	6					
					9			
				3			8	5
		3						6
	4			2	6		5	
	2		8				3	
				5			2	
		7	2	8			9	4
	9	4						

#135

	1	7	4	9				8
		6				1		9
5				6				
		2		3	7	8	6	
1			8	4				
								2
8								
			5		2			
			2	4	3	8	1	

#136

5		1	4		3	2	7	
				8	2	1	5	
		7	5	6				8
		2	1					7
8								
		3						
	3		9	2			8	
7	9			4				2
4							3	

#137

	5					9		3
1								
						8		1
		9	6					
		3			4			
				8			5	
	8	4		5				2
6		5	9	7	8		3	
				3				8

#138

				1		7	6	
			6			9	2	3
	1		9			2	3	
5								
	2	7		5				
						3	1	8
		4			6			
		5		8			7	6

#139

1							2	
	3		9	5		7		
								4
	8							
							3	9
2		6		3		8	4	
	2			9	5			
				7	6		8	1
4					2		5	7

#140

					6		3	
			9	1			2	
	8		5	7		6		
	2	3		5		8	9	
	5				2			
		6		3				
		8		6		5		9
7					1			
								1

#141

			7			2	9	
	8			1	2	6		
5	4		8				7	1
2	6				3			
	7	1				4		
8			2					
					6			4
7		9	4	2			8	6

#142

4		7				6	3	
3								7
						5	7	1
	5			3	1	8		
				2			4	
2	8			6		3		
	7		1	8	5		2	
5								

#143

9	7	2		1	3			
	8	6		2		9	1	5
1	4		6					
	2				9			
	5			7		3		6
	9			5	4			3
7								9
							4	7

#144

		7						
		4						
6						1	2	7
7	5			8		3		1
			2				5	
	1				3			
	8		7				4	
				6				8
4		1		2	8		7	3

#145

		3	9		8		4	6
				4	5			
	7	4					3	
				9				4
3	1		4	5				
2				6		8		5
1	5							
	4			2			7	1

#146

					8		3	5
1	3		2	5				
		4	9	7	3	1	2	
		4		3				7
		9	5	8				
					9	8		
		9					6	
				7	9			
				5			1	2

#147

	3		7		1	8	5	
							1	8
	5			9	6			
					2			
			6				2	
	4				5		3	
								5
1	4	5	8	7				
		6		3			8	1

#148

5			3					2
6		2					5	1
	7	8			3	2	4	
	9							
		5	9			8		
						4		
			7		1			
4	2			8		9		7

#149

3	2	6		9		8		
								1
	9							
			3				6	
2					9	7		
		8		6	1	4		2
9	4	1	2			3	5	7
	7		9		3			4

#150

			4	2		8		
							6	
				1		4	2	7
2			5	8	4		1	3
3	1		6					
				5	1			4
	6				9			
9	7				2			

#151

4		2	3					9
9						3		6
	6		2					8
	4	7	8			9		
		8		3				
6	2				7			
					3		9	1
1			5		4	2		
				7	8			

#152

9				7				
		5		8				
					2	3	7	8
				1		6	8	9
	1	6				5		4
3					4	9	5	7
	2	7			9	8	4	1

#153

	5				4			
				5	1			8
8		4			7		3	1
2								
	9	1	6		5			
			6				1	
5	4		1			3		
				8		9		
				7	9			4

#154

						7		9
			7	4			3	2
	9			3		2	8	
	2	4				5	9	
5	7							
						9	5	
6	8		5				2	3
4		3	2	9	8			1

#155

2	8		6	3			4	9
9		4						
								1
	5	8				4		
7	4	2	8	1		9		5
		9		2			8	
				8				
					4			
		7	2		9		3	

#156

	5				8			
			5	6		9	7	
4			2		7			3
2	3		1					
1	4	7	3					8
9								
				2	5	8		
							9	6
		1			2			

#157

	2	9						
			4	2	9			
							1	
	4	1	3			8		
2		3			4			
	5							9
				9				
		2		6	1	4	5	
8					7	1	9	3

#158

2		4	9					
			6	5	3		2	7
						5	9	1
4	8	6		3	7		1	
1								
		9						8
					5			
			4			7	3	
9	1	3						5

#159

	3	4	5		1	6		2
2								
	5			6	4			
				1	8			
	2	9				7		
							8	
3		6				2		9
					5			
	7				6			3

#160

					6	2		7
1	8		7			5		
			5			1		6
	4		3		7			5
	5			9			3	8
6					1			
								4
5	6							
	3	7						

#161

1	8			3	7	5		
					4			
			5	8				
								9
		3		6		1	5	
					1	3	7	
	4		2			9		6
2	1	5	6	9	3	8	4	7

#162

	3							
				6	4			
			1		7		6	
			3			2	5	4
	4		5		6		1	
		2					3	
		1						7
2		5		1				9
	6	7	8			1	2	3

#163

	4	7	8			3	9	1
						2		7
				7		8		
	3		6	2				
	8							
			9		1			
9			3		8		5	
		6	4				7	
		3	5					

#164

			2				6	7
3	5	7						
								8
				8		7		
2			9					
			6		4	1	5	
5	2	4	7					
	6	3						4
8				5	3			

#165

9				5				
						3		
5				1	2	7		
		2				5	7	1
1	6				7	8	4	
7	9			1				
	3				4	1		8
4				9	6	3		

#166

1			5					
		2			3	6		8
5				7				2
4		9	7		3			
	8	6			9			4
							9	
			4					
6				1			4	5

#167

	4			1		8		5
5			2	6	8	9	1	
		8			9		2	
		7				4		
7							9	2
					4			6
		3		8				
6	1					5		

#168

4			1			9		
	7			4	9	6		
							2	4
		5	3	2	8		6	7
		3			6			
		2					3	
	3		8		4			
				9		5		

#169

			1		7	3		
2								
9				2		1		8
	6		4					
	7				3	2		
					2	8	3	1
		1		8				
	4					6		
		5	6					2

#170

7	1				3		9	2
3			2					
		2			9	5	7	
	9	4				7	5	
1	6					3		
	2				4			
			6					
					7	6		
						9		

#171

				5		4		
			3				2	
							6	9
1				9				
8	7		1					2
	6			4				3
		7				9		
					4		3	6
	9		6			7	8	4

#172

	9							2
	7							8
	8	2	7	9		6	4	
2	1		6				3	
7	3		1				6	
6		4		2			9	
				4				
1								
	6	7	5	3				

#173

		1		3	6			8
					1		6	2
6				8	5		3	4
7	4							
	5							9
3		9		7				6
	3		9	1				
					8			
						3	9	1

#174

	4							
								7
8			9	5			4	3
7	2			1		3		
5					3		9	
6		9	8	7				
							7	
	7			8				4
	8	3	4					9

#175

			8				2	
9	6			7	2	5		
								1
7	5	9		2				
					7			
			1					3
		5		8	9		3	7
2		3						4
						8		

#176

	8			9			3	1
		7	5			2	4	
		1		3	2			
		4		2				
							9	3
7	6				3		5	
	1	9	7	6	8			
5								
								7

#177

		8	2	6		5		
					3			6
	4	3	8		5			
		1		2				
							8	
	3	2	4	8	9			
			1	9		2	4	
	1							
	9							3

#178

	2	5	9					
		4			2		7	3
			3					
	7	9			3	4		8
						6		
6				5				
						5	6	4
		2			9	7		
	4							2

#179

	6					4	9	5
						6	2	
2	1	9						
		3	7				6	
				5			3	
9					8	2	4	7
1	7	2	9					
4				1		3	7	
								2

#180

								8
		9	7	4	1	6	2	3
7								
				2			9	
8	4		5	9				6
	2							
			2	1			7	9
		4						
		8	9		4			2

#181

	3		2		9		4	
		8	7					
4		1				3		
	6					2		
				5	8			9
		5	3			6		
				8				1
			5					8
1		6	9	3				

#182

4	8	5						
				8	5	9	3	
		1		2				
		8				7	1	
				1				8
					7			
	4				3			
9			6			8	2	
5		6						4

#183

	5			7	2		9	
7								2
	9		1					
		9					2	1
	6	8	4					
					6	4	5	8
3	7			6	5			
					4		8	5
								7

#184

	6	3		8	4		2	
		1					3	
4				3		7		
5		9	4	2				
	1		6					
			5	7				4
				6	9	3	8	
				4	8			1

#185

		9	6	7		5	2	
				4				
		6		8	3	7		
4					8			
2	7	1				3		
							4	
	6	2		3		8		
			7			9	6	2

#186

1	8						4	
2		4	1	3				
					5	2	9	
	4			8			5	
	5	9	7		2	1	8	
					6	5		
	6	5		1	7			
	1							

#187

	6	4	2	5	1		9	
		9			4	5	2	
			3	9	6		1	
3		6	8	2				
8	2		6	7				
								9
6							7	
	1		5					8

#188

6						1		5
	3		2		1			
	1	8	7	4			3	
		6	4	1			5	3
5		3			7			6
1	7					9		
						5		
			1		8			
				9				4

#189

	6	8	5	3				
3				8	1	6		
9	7							
			3		2			1
	9		4					
				1		2		
	2				8		7	9
					5			
			1					8

#190

	8	3						6
			2		8			7
2		4				9		
			6					
		8	3			6		2
				4	2	8	9	
	3	6	9		1			5
1		9	7	3				

#191

6							5	1
			8	2	6	9		
			3	6		4		
	4			7			1	8
	2			8				
					7			
1						3		
					1	2	4	6

#192

1								
		4	5					
7		5		2		3	4	
2					9	1		
3						2		6
	4							
	1	6		4				5
9				5	6		1	
				7	2			8

#193

6	3		5	2	7		9	
	2	8	3			7	6	5
	7			8	1			2
						2		
				5				
7			9				8	
4						9		
9				4		5	7	
						1		3

#194

				8				9
9	4	5	7					
		2	8					
			1	9			5	4
6	8	9			4			3
				6			9	
4				1			8	
5						6	3	7

#195

		5		6			2	
					4			
			2					8
1		2	7	4	5		3	9
			9	3		1		
3		4						
	2			3	1	7	5	
4							6	
					7			2

#196

			4			8	2	
9		8	6			1		
					9			
			5				6	
				3				
4			2	9				
		7	1	6			9	3
6	3	2	9		5			1
		9	8			6		2

#197

8	2	7						
9								6
							2	
	9	4		8				
					5			7
		5	3				6	1
1			2	7	9	6		
	8					2		
					3		1	9

#198

1				3			4	
						2		
	2		9		6	7	1	
6							7	3
	4		7		5	9		
				7	9	8		
4	8	5						
		9						5

#199

			5	3				7
	4					1		
					8			
			6		9		3	2
	9	4		2				
7								
		8			1	4		
6	5					2	9	8
								6

#200

	3	2	6	5				
				4		8		6
4				8		7	1	
3	8	1						
		9						2
	1		4					9
	7	8	3	9	6	1	4	

#201

3	9							1
			8	2		7		
7		5	1	9	3			4
	5						1	
8		7	5	6				
		4				5		7
			9				7	
		9		1				
	4		3			6		

#202

	7			3	5		6	
9							8	
1			6					
	4						5	
					8	6		1
2					1	7	3	
					7			3
		7		9				
5		2			6			9

#203

5		7	2		1		8	
	3							
1	8	6						
					8	5	3	
		8	9				6	7
				4				8
								1
2	7	5	1					
				3	5	2	9	6

#204

	1				9			2
	4	3			2			7
5		9			4			
		7					9	
3								1
				5	6	8	7	
		8	9					
			2	3			5	8

#205

	4			1			7	
			5					
8	2					4		
				9	5	7	3	
		9		3	6	2		
6		2				5		8
			4	7				
3					1			
		8			3	9		

#206

2	8		4	3	9			
		3	1	6				
								9
	9		2		3	8	4	
	4	6	8					2
8				5		3		
				1	8			
1						6		8

#207

	2	7		8				5
							7	3
		9					8	
	5	2		4				
1			6					
				2	9	8		
					8	2		4
	3							
8			9			1		

#208

9	3	1	5					
					3		8	
					2		3	1
1								
	2	7	3	8			5	
8						9		
	5				6	4		
6		9		7		8		

#209

		8	1		6		7	
1		4		2	3	5		
				6	7			3
3		1	4	5	9		8	
						9		
7		6					9	5
	4							
						1		6

#210

		3	4					2
9	5	1	3	6	2	4		
4			9					
5	6			4				7
			6					
					8	5	4	
6								
			7	9			3	
7							5	1

#211

			4				6	5
				2		8		
9	3	8			5		4	
		7	8	1		4		
6		5	2					
4								1
				3	9		2	
						5		6

#212

7	4				9			
							2	
9		5		1	4	3		
								5
		7		5	8	1		
	5	8	3				4	
	6		8					
1	7		9	6				8

#213

					4	2	5	
1	4	2						
					6			1
6	3		1		7			
				2		4	8	
2			5	8	1			
	6			3				
	8	3						7

#214

					7	9	4	
8	7				9	2	1	
7	8		2				3	
2		1	3	5	4			8
	4	5		6				
					2	8		6
9	2			8				
								9

#215

	2		9					
	4			3			8	2
5	3	8	4	2	7	9	1	6
						1		
		2		1			3	
	6	3		4				
6								
						5	2	
	1			8				4

#216

			7	5				9
4	2		6	9				
7								3
	4		8		1			
			3				6	
				4		9	7	1
				1				
9						8		
3	8						5	

#217

3	8	7	5		4	6		
2								
5			2	6	8		1	7
								5
	5		3	9				
8				2			9	
				3	2	9		
	6		1	8		2		4

#218

								4
		7	3			9	1	
4				9		3		
	8	2		4	5		9	3
7	6	9					4	
				2				
	7							
	3		1	8	7			5
				3	9			1

#219

						5		
5			6	9			4	
9			7		1		6	
		3	1			4		
		2	8		6	7		
	8	4		7	9			
7	2	5	4					

#220

9					5		1	
		3		1		4		
	7	1				9	5	
2	1		7					3
				2	6			
		4						
			9	3	4		2	8
7	8							
					7	1		

#221

			5	2		9		
1					8			
8								
	5						8	
9	3		4	7				5
2		4	9				7	
					2	7		
		1	6				4	
		9	7					1

#222

9				1	8	6		
	2	8	9					
	5	7					9	
					4		5	
		2		9		8	1	6
	6		1	7		9		
4			5			3		
	9							
				6				4

#223

			5	6			8	7
				1	8		2	
4				2				
	2				3	1	6	9
			7			3	5	8
1			4	8		7		
	9							
5	8							

#224

6	3	1		2	4		5	9
2								
							6	
7					6		1	4
8								
	5		4			7		
					2		9	
3	4		5		1			
		8					7	5

#225

8						6		
	6	5				4	1	
		9	3					
				1	2	8		
	5		7				6	
2				9		7		
							2	4
			6	5				
9		3	2	7				6

#226

	7						1	
			1	6	5	9		
						3		4
				1	2	4		
	9							
7		3						6
			5				3	7
1	5							
	3	7		9		6		2

#227

3	5					2		4
2			3	1				
	4	7						
5					7		2	
				3				
	8					6		3
			6	4		3		5
					2	4		6
		6	7					

#228

8					3			
		1				2		6
	9				6			7
7		6			2	9		
			7				5	
9			8				4	2
3			9	5				
				1				4

#229

	6		4		9			
					8			9
8							3	6
		3		1			2	
6	2							8
			2	6			4	
4		8					1	
	1	2			4			5

#230

7			4		2		9	
	5	4						
				8		4		2
		7	5			9	6	3
6						5		
			8					
3								
	1				7	8		
			3	9	1	6		4

#231

2	5		1	3				4
			4			5	2	1
6						8		
		4	9		8	6		
3							1	5
5		6		2	4			3
				7	6		5	8

#232

	8	5	1			2		6
	9	3		8				
	1		5	9	8	4		7
		6			4	3	1	9
	3	8	9	4	2			
7				6				
							9	

#233

3			7					
		5						
2				6		7	5	8
		9	2	1	5	3	7	
				3				
4	2		8					
					3	8		
5		7			8	6		
						9	1	7

#234

		2					9	
						1		
		6			3		4	8
6	9	4		3				
	3		9	1		7		
		1		6	4			
		3						
7	5					8	2	1
								5

#235

2	5	9	4	1			3	8
				5				
				8				2
	7	1			6			
9	6							3
	8						7	
		3			1	2	6	7
8								
	2			6		5		1

#236

							7	1
		4	8					
9	5						3	8
	8			7	6			
							1	9
	2			4	9		8	5
			2					
4		7						
		3			4	5	9	

#237

				5				
1						6	4	7
				8		1		3
	4	7	2					
	6				7			4
	9	2			3	8		6
2	7						9	
					9			
9					1	7		8

#238

2		1					6	8
				5	7			
					8		9	4
7	2					3		
6	9						1	
	6	3		2				5
5			7	8			3	
	8							1

#239

7				5				
	6	4				9		3
8			6	1				
			7	6	1		9	5
6				3		8		4
								6
	7		5		3		2	
					7			
3	5	2	1					

#240

6		2		5		9		
							7	5
		4	3	1				
				7	2		4	
	7		6			5	8	
1								
						8		1
		6	4					
					6			4

#241

			3			8		
				7	6			
			8				6	2
5			4	9	8			
	1							
2	9				5	3		
		1		4		2	3	
		7						6
4				1	3		5	9

#242

7	6		8		1	5	3	
		4	1				2	7
5						1		
			2					7
1			3		6	9		
						4		5
	2			8		3	1	6
6	1							9

#243

	9				2			6
	8				6		4	
7		4			9			
	7	8						5
1							7	2
2								
				9				
8				6	1	7	5	
		7	4				9	1

#244

	1			2			9	4
5	7			8				
			3			7	2	
			5					
			6	9	4	2		
9		1			5			
								1
1	2						3	
	4	5						

#245

	8			1			6	4
	1			4	3		8	7
		4		8	2			
				6				
				7		9	5	
6				5	1		3	2
4	3					5		1
	7							
		2						

#246

8	9	5						
							5	6
3							9	2
2				4				1
7				9				
					6		4	
4	2		3	5	7		6	
				6				
					9	3	1	4

#247

			6	7			1	
3				4			7	9
	7	5	9		3	2	4	
		1	8	6			3	
5		7	3	1				
						6		
								1
8		2			1	3		7

#248

							8	
		1			9	5		
3			4	5		2		
6					2			
		4	6		5			
		7			3	8	6	
7	9	8	2			6	1	
								9
	2		7					

#249

4	8	9	6					5
	2		4		5			
1			3		8			
			5	6				2
7				4		8		
		1	8			9		
								4
						2		
8	6	4	2					3

#250

					6			
		6				9		
		3	8	1		4		5
		7	6			1		3
2			1		5			
		1	2	8	7			
	8	5	3					9
	4				8			
			5	7				4

#251

			4					
	4		1	7	5	9	8	6
6	5							1
1		6	3					
		7	8			5		
							6	
8								2
		4		1			9	
	9		5	2				

#252

		7			5	4		
								5
9				3	6	1		
6	1		7				5	4
	9	8		5			1	
				2				
		9		7		6		
					2	5	4	
8	6	5					3	2

#253

				6	5		1	7
	4		2			6		
		6	3		4	8		
8	5			3			4	1
6			1		9	2		
								3
4	2			9				
					8			
7	1							6

#254

6	2		8	4	3			
			1	6				4
		2						
8	1							7
7				3	9		8	
								6
9		4				2		
5	3	6	2		4			1

#255

3								
		6						4
2	4			8		1	5	9
					7			
4		9	8	5				
					9	7		
				9	4			5
8	9	2	5	3			6	
								3

#256

7	9	4						
				3	2			5
5				1				
					4	5	8	6
1	8	6	3					
								1
				5		7	9	
	5				8		3	
	3		2			6	5	8

#257

			5			3	9	
		7		9				
6						1		
9							2	4
				8				
	5	1	7				8	9
			4					
7			9	6				
		4	2	7			1	6

#258

		9	7	3	8			
		2						3
4			6			7		1
				4		2	7	
	7	6	1					
			5					
					6	3	5	8
5	6		3			1	9	7

#259

		9	4	6				
								1
	3			1	5		4	
7						4		5
8			7					
	4	1						
	2		1					6
6				3	2		5	
1				5				8

#260

	5	7		3			2	
8	2	6	4					
				7				5
				9				
	1	8			6			
4		9	7	1				
							1	3
9		1	3					
	6					5		9

#261

					4	1		5
1		6						
	9	3			1	7	2	
		1		4				9
7						2		
2	4		3		6			
				5				1
		2	6		3		7	

#262

			1	2	3	4	6	
4	3	2				8		
6		1						5
9						5		
			9		8			
			3	1	5		7	
	6	4						
		3		6			8	
					2		4	3

#263

3	9					1	4	
1	2							
5			3					
					6	8	5	
2	5				8	3	9	7
			8		5			
		2		4		6		
7					2			9

#264

	8			3	4			7
4	6		2		8	9		
	1				9	8		
6	7		8	5				
							3	1
	5	1						
						4		
5					3		6	
7		2						

#265

	1		3	8	2	7		
		7						
				9			4	
							1	
2			9					3
	3	4		2	5		6	
					6			1
		6	4	3	7		8	2

#266

	6	2	3				5	8
					1			
	1	9		8				
5				6				
6	7		9					
	2				5	8		9
			8		4	5		6
	5			3	7			1
						7		3

#267

3	8							
	9		5			7		6
	4					8	9	
	6	8	2				3	4
1	5		6			9	7	2
			7	1			2	
				2	9			
				4			8	7

#268

	7			1	9	8	3	2
	8	5						7
2	1		8					
					6	2		
8			2				9	5
			9	8	1			3
1		4	3			5	8	6
3								

#269

1				3	6		9	
	9			1	8			
				5			7	2
6					9			
	3	2					8	9
						3	5	
3	5		4	8	1			
								5
				2				4

#270

	9		4	7		6	8	
	2	7	1					
	4			3				
		6	9					5
		3	5				1	
2					6	3		
				1	7	5		
							7	

#271

3		7	6					
8		4	9				3	6
							9	
						2	8	
2	4							
6					3		5	
			7	5				
				2		8		
	8		3		4		2	9

#272

		7				9		6
9							5	
				4			7	
				7	3	1		
1	7	8			6			
		4	8	5		3	2	
	2	5	6	3			8	
	1							

#273

	4	6	7					
	3			4	1		2	
					9		7	4
9					6			
			2	8			1	
	8				4	7	6	
					2			3
			8			6	5	1
1		3						

#274

5	3			8		9	7	4
			7	5				3
		9						
	4			1			6	
	5			3	6	7	1	
	6							2
4								
2							9	
					7	8		6

#275

4								
	2	9		7			5	
		5	9					3
7	4					6		1
				6		7		
	1						4	9
2	9		7			1		6
	5			3				
					8			

#276

	9	7		5	8			
				7	4		8	1
2	6				5		9	3
					3			
	3	5	1	8	6		2	4
			5	6				
		1						7
		3	8		7			5

#277

	6				9		7	
					3	5	1	4
	3	7	5					
								9
3		5						
4	1		9	8				
			2	3				6
					1			
		3					9	8

#278

5				8	7			
				2				
	6	9					4	
				3		4		
		1		9		4	7	3
					5		1	
		7						
3		1		9		8		
				2				4

#279

	6							
		1	6	4				
2							3	
					7			
	4			3		6	5	
		6	5					9
3	8			9	5			
	5			7	4	8	2	3
7		2						

#280

8					2			
	7							
				9	4		7	
						7		
3				1		8		
			6	2		5		
5		2	8	6				
		3		7				
	7	8	2	5			3	

#281

	9			4	1			
	3							
		2						1
			2	7	6			
	4							8
		1	4	5		6	9	
5			6			8		
2	1	8	5			9		
		6	7		2	1		4

#282

5			1	2	7	9	8	
	4	9		3			2	
			8	1	6		7	
2		7			5			
			2					
					2	1	6	5
	5				4			
		4	9	5				2

#283

	2		3					
					4	6		5
1								
		4			5			6
		3			6			
5				9				4
3			2					
8			6	1	3		5	7
	7	6						3

#284

		1		9		5		
			6		4			1
	2				3		6	8
	5		8	6		3	9	2
			3		2	1	5	
3					9		8	
6		3	1					
				8				
								7

#285

5					7	4		
								6
			4		6	9	8	
		9					3	2
6	1			2	3			
	3	8			5			
1	7	6						
						7	4	8

#286

		7		3				9
2	9							
			9			4		6
1	2		8					
					5	1		
	7	6					8	3
8		4	5	9	6			
			3	2			5	

#287

		2	6	1		5	8	
9			4	8	5	2	3	
					7		6	9
5	2			4				
		9		8				
	1							6
	9			6				
2	5							
	7	8					5	4

#288

7			6	5	3	9	8	
	6	5	1		7			
				2		9	7	
		3						
	4			7	1			
					8			
	1	6		8		3	2	
5								9

#289

	9		6					
		2	8			3	4	
3	1							8
1			2		9			
	2			4		9		
					7	6		
		8						
7					3			
			7		8	2	5	6

#290

		6				5	2	
							7	8
	5				8			9
7	3				9			
		1						
			7	5		6		
	2			1		8	4	
	4		8					
					4	3	9	1

#291

	7		1	4		9		
						8	1	2
8	2	6		1	5			
3	5	9						
				8				9
	8	5				2	7	
6		1	7	2				3
								8

#292

	7		8			5		
			1					3
3		1		6			4	
7	2	6						
				3		2		4
	6		9	4				
		9			8		6	
		4			2	8	9	7

#293

				5				
						6	2	5
8	3				9	4		
		9			2	5	6	
		7		3				
						2		
7	8							1
5			4			9		
	2							

#294

	5						4	8
6	2	1	3			9		5
	8	4			2		6	
					6			1
2								
	9		8	5				
8	6	3	9				5	
	7	5		6				9

#295

8	2		3					
			9	1		4	8	
								2
	1			6			4	5
7	6	4						
		2		7	3	9		
			5		9		3	8
1	9							
								4

#296

			9		5		4	1
						8	3	
3	4		8					
	3	2	6				7	
					1			
	9		4	5	3			
	1	8	5					
				2				9
		9		6		5	1	2

#297

2		6	1		7	5		
5				4		3		
		1						
			2					6
	8	2	4	6	9			
	1	3	5					2
	6	4	9	1				
				7				

#298

		5	3	8				
		8						6
		1		9	7			
				8	4			7
5	2	6					3	
						5		1
		3	6				7	
	7			9				
		2		5				9

#299

				1				8
1	8	3						
		6		5				
		9	3				7	
2			1	5		4		
8	7	4				3		5
4	9					6		
	5	1	6	4				
		7						

#300

	7						2	9
	8						4	
9				1				
6	3			7		9		
		4		3			8	
		7		2	9			
							9	6
					8			
		7				5		2

Solutions

Your voice is important:

Please support us and leave a review!

Copyright © 2020 by SBRT Notebooks
All rights reserved

#1

8	1	7	5	3	2	6	4	9
2	4	9	8	6	1	7	3	5
3	6	5	7	9	4	2	8	1
5	8	1	3	4	7	9	2	6
9	2	3	6	1	5	8	7	4
6	7	4	9	2	8	5	1	3
1	9	6	2	7	3	4	5	8
4	5	2	1	8	9	3	6	7
7	3	8	4	5	6	1	9	2

#2

3	8	1	7	4	6	5	9	2
6	2	9	8	5	1	3	7	4
7	5	4	3	2	9	8	6	1
5	7	3	2	6	4	1	8	9
9	6	8	5	1	3	2	4	7
4	1	2	9	7	8	6	5	3
8	9	7	6	3	2	4	1	5
1	3	5	4	8	7	9	2	6
2	4	6	1	9	5	7	3	8

#3

7	6	9	3	2	1	8	5	4
4	5	2	9	7	8	6	1	3
1	3	8	4	5	6	2	9	7
5	2	3	1	4	7	9	6	8
6	1	4	8	3	9	5	7	2
9	8	7	2	6	5	3	4	1
2	7	1	5	9	3	4	8	6
8	4	5	6	1	2	7	3	9
3	9	6	7	8	4	1	2	5

#4

2	1	3	8	5	6	4	7	9
6	8	7	4	1	9	3	2	5
5	9	4	3	2	7	6	8	1
8	3	5	9	6	2	7	1	4
9	2	6	7	4	1	8	5	3
7	4	1	5	8	3	9	6	2
3	5	9	1	7	8	2	4	6
1	6	8	2	9	4	5	3	7
4	7	2	6	3	5	1	9	8

#5

5	2	3	7	8	6	1	4	9
8	1	9	3	2	4	6	5	7
7	6	4	9	1	5	8	3	2
6	7	1	2	4	9	3	8	5
4	8	2	5	6	3	7	9	1
3	9	5	8	7	1	2	6	4
9	4	6	1	3	2	5	7	8
2	5	7	6	9	8	4	1	3
1	3	8	4	5	7	9	2	6

#6

9	4	8	1	5	7	3	2	6
3	1	6	9	2	8	4	7	5
2	7	5	3	4	6	8	9	1
8	6	1	5	9	4	7	3	2
7	9	2	8	6	3	5	1	4
4	5	3	2	7	1	9	6	8
5	2	7	6	8	9	1	4	3
1	8	9	4	3	2	6	5	7
6	3	4	7	1	5	2	8	9

#7

4	3	9	5	2	6	7	8	1
6	5	1	3	7	8	2	9	4
8	7	2	4	9	1	3	5	6
2	6	4	1	8	9	5	7	3
5	1	3	2	4	7	8	6	9
9	8	7	6	5	3	1	4	2
7	4	5	9	3	2	6	1	8
1	2	8	7	6	4	9	3	5
3	9	6	8	1	5	4	2	7

#8

2	5	6	3	9	8	1	7	4
1	9	8	7	4	2	3	6	5
7	3	4	1	5	6	9	8	2
3	8	7	2	6	9	4	5	1
4	1	9	8	3	5	7	2	6
6	2	5	4	1	7	8	9	3
8	7	3	6	2	1	5	4	9
5	4	2	9	7	3	6	1	8
9	6	1	5	8	4	2	3	7

#9

2	6	5	4	7	8	9	3	1
4	9	1	6	2	3	5	8	7
8	7	3	1	5	9	2	6	4
6	4	7	3	1	5	8	9	2
1	2	9	8	6	4	3	7	5
3	5	8	2	9	7	1	4	6
9	3	6	5	4	1	7	2	8
7	1	2	9	8	6	4	5	3
5	8	4	7	3	2	6	1	9

#10

2	9	6	8	1	7	4	5	3
7	1	5	2	3	4	8	9	6
4	3	8	5	6	9	2	1	7
1	8	4	9	5	6	3	7	2
9	6	2	3	7	8	5	4	1
5	7	3	4	2	1	6	8	9
6	2	1	7	4	5	9	3	8
3	5	9	1	8	2	7	6	4
8	4	7	6	9	3	1	2	5

#11

6	1	4	5	8	9	3	2	7
9	2	3	4	6	7	8	5	1
8	7	5	1	3	2	4	6	9
3	5	8	6	7	4	1	9	2
2	9	7	3	1	5	6	4	8
1	4	6	2	9	8	7	3	5
7	6	9	8	5	3	2	1	4
4	8	1	9	2	6	5	7	3
5	3	2	7	4	1	9	8	6

#12

6	9	7	1	3	2	4	5	8
5	2	8	4	7	6	3	1	9
4	1	3	8	5	9	6	7	2
1	3	9	2	6	8	7	4	5
8	7	5	9	4	3	2	6	1
2	4	6	7	1	5	8	9	3
7	8	1	5	2	4	9	3	6
9	6	4	3	8	1	5	2	7
3	5	2	6	9	7	1	8	4

#13

8	4	7	6	3	2	9	5	1
1	9	3	7	5	8	6	4	2
6	2	5	4	9	1	3	7	8
2	5	9	3	4	6	1	8	7
7	3	1	2	8	5	4	9	6
4	6	8	9	1	7	5	2	3
9	8	6	1	2	4	7	3	5
3	1	2	5	7	9	8	6	4
5	7	4	8	6	3	2	1	9

#14

7	8	2	6	9	3	4	1	5
4	3	5	8	1	2	7	6	9
1	6	9	5	4	7	2	8	3
3	5	6	7	8	9	1	2	4
9	1	4	3	2	6	5	7	8
2	7	8	1	5	4	3	9	6
5	4	1	2	6	8	9	3	7
6	2	7	9	3	5	8	4	1
8	9	3	4	7	1	6	5	2

#15

3	1	4	9	6	5	8	2	7
5	7	6	4	2	8	1	3	9
2	9	8	7	3	1	5	4	6
4	8	7	2	5	6	3	9	1
6	5	9	1	7	3	2	8	4
1	2	3	8	9	4	6	7	5
7	3	5	6	8	9	4	1	2
9	6	1	3	4	2	7	5	8
8	4	2	5	1	7	9	6	3

#16

3	2	8	4	5	9	7	6	1
6	7	5	1	3	8	9	4	2
4	9	1	6	2	7	5	3	8
7	3	9	8	6	5	2	1	4
5	4	2	9	1	3	6	8	7
1	8	6	7	4	2	3	9	5
2	6	7	3	8	1	4	5	9
8	5	3	2	9	4	1	7	6
9	1	4	5	7	6	8	2	3

#17

2	1	9	5	7	3	4	6	8
7	6	3	9	4	8	2	1	5
5	8	4	1	2	6	7	9	3
6	9	8	2	1	4	3	5	7
1	3	5	6	8	7	9	2	4
4	2	7	3	9	5	1	8	6
8	7	1	4	6	9	5	3	2
9	5	6	7	3	2	8	4	1
3	4	2	8	5	1	6	7	9

#18

5	2	8	9	6	7	1	4	3
1	4	3	5	2	8	9	6	7
6	7	9	4	1	3	5	8	2
8	9	2	3	7	6	4	5	1
4	6	7	1	9	5	3	2	8
3	1	5	8	4	2	6	7	9
2	8	4	6	3	1	7	9	5
7	3	6	2	5	9	8	1	4
9	5	1	7	8	4	2	3	6

#19

4	2	9	5	8	3	6	7	1
6	3	7	2	9	1	4	8	5
8	1	5	4	6	7	2	9	3
2	7	6	1	3	5	9	4	8
3	5	4	9	2	8	1	6	7
1	9	8	7	4	6	3	5	2
9	4	3	8	7	2	5	1	6
5	8	2	6	1	9	7	3	4
7	6	1	3	5	4	8	2	9

#20

5	6	4	3	2	7	8	9	1
9	8	7	1	4	6	5	2	3
1	3	2	9	8	5	4	6	7
8	7	6	5	1	9	2	3	4
2	5	1	4	3	8	6	7	9
3	4	9	6	7	2	1	8	5
6	9	3	8	5	1	7	4	2
4	2	5	7	6	3	9	1	8
7	1	8	2	9	4	3	5	6

#21

6	3	2	9	5	4	7	8	1
7	1	5	8	3	6	2	4	9
9	4	8	1	2	7	3	5	6
4	8	3	7	9	1	6	2	5
2	5	9	3	6	8	4	1	7
1	6	7	5	4	2	9	3	8
8	9	1	2	7	3	5	6	4
3	7	6	4	1	5	8	9	2
5	2	4	6	8	9	1	7	3

#22

5	7	1	4	9	6	3	2	8
6	3	2	1	5	8	9	7	4
8	4	9	7	3	2	1	6	5
1	8	4	6	7	3	5	9	2
3	5	7	8	2	9	4	1	6
2	9	6	5	4	1	8	3	7
7	2	8	3	1	4	6	5	9
9	6	3	2	8	5	7	4	1
4	1	5	9	6	7	2	8	3

#23

2	3	1	5	7	6	8	9	4
6	9	4	1	2	8	5	3	7
5	7	8	9	4	3	2	1	6
1	2	3	6	8	7	9	4	5
8	5	7	2	9	4	1	6	3
9	4	6	3	5	1	7	8	2
4	1	9	7	3	5	6	2	8
7	8	2	4	6	9	3	5	1
3	6	5	8	1	2	4	7	9

#24

6	1	8	5	3	7	4	2	9
4	2	3	1	8	9	5	7	6
7	9	5	6	4	2	8	3	1
3	6	4	7	2	8	9	1	5
8	7	9	4	5	1	2	6	3
1	5	2	3	9	6	7	4	8
5	4	1	8	7	3	6	9	2
9	3	7	2	6	5	1	8	4
2	8	6	9	1	4	3	5	7

#25

6	8	3	2	9	7	4	5	1
4	7	1	6	8	5	2	3	9
9	2	5	1	3	4	8	7	6
8	9	4	7	2	6	3	1	5
1	6	7	5	4	3	9	2	8
5	3	2	9	1	8	6	4	7
3	5	6	8	7	2	1	9	4
7	4	9	3	6	1	5	8	2
2	1	8	4	5	9	7	6	3

#28

5	9	1	7	4	6	2	3	8
8	4	7	1	3	2	6	5	9
3	6	2	8	9	5	7	4	1
6	1	9	4	5	8	3	2	7
7	2	8	3	6	9	4	1	5
4	3	5	2	7	1	9	8	6
1	5	4	6	2	7	8	9	3
2	8	6	9	1	3	5	7	4
9	7	3	5	8	4	1	6	2

#26

9	7	5	4	6	3	8	1	2
4	2	1	8	9	7	3	6	5
6	8	3	1	5	2	7	9	4
2	9	7	3	1	4	6	5	8
1	6	4	2	8	5	9	7	3
3	5	8	6	7	9	4	2	1
8	1	9	5	4	6	2	3	7
7	4	2	9	3	1	5	8	6
5	3	6	7	2	8	1	4	9

#29

9	7	6	2	3	5	8	4	1
8	5	4	7	6	1	2	9	3
1	3	2	4	9	8	6	5	7
4	9	8	6	5	7	3	1	2
5	2	3	8	1	9	7	6	4
6	1	7	3	2	4	9	8	5
3	4	1	9	7	6	5	2	8
7	6	5	1	8	2	4	3	9
2	8	9	5	4	3	1	7	6

#27

1	8	4	6	2	3	9	5	7
7	2	5	9	1	8	4	3	6
6	9	3	4	5	7	8	1	2
5	1	7	8	6	4	3	2	9
9	6	2	7	3	1	5	4	8
4	3	8	5	9	2	6	7	1
8	4	9	1	7	5	2	6	3
2	5	1	3	8	6	7	9	4
3	7	6	2	4	9	1	8	5

#30

7	6	5	1	2	8	9	4	3
3	9	2	4	7	6	1	8	5
1	4	8	9	3	5	7	2	6
6	1	7	3	8	9	2	5	4
5	8	9	7	4	2	3	6	1
2	3	4	5	6	1	8	7	9
4	5	3	2	1	7	6	9	8
8	2	1	6	9	4	5	3	7
9	7	6	8	5	3	4	1	2

#31

6	8	4	3	2	7	5	9	1
9	3	5	4	8	1	6	7	2
1	7	2	6	5	9	4	3	8
8	4	7	9	1	3	2	6	5
3	1	6	2	7	5	8	4	9
5	2	9	8	6	4	3	1	7
2	5	3	7	9	6	1	8	4
7	6	8	1	4	2	9	5	3
4	9	1	5	3	8	7	2	6

#32

4	8	2	7	3	5	9	6	1
1	5	9	2	8	6	7	3	4
6	3	7	1	4	9	5	8	2
7	2	1	8	9	3	4	5	6
9	4	3	6	5	7	2	1	8
5	6	8	4	2	1	3	7	9
2	1	6	3	7	4	8	9	5
8	7	5	9	6	2	1	4	3
3	9	4	5	1	8	6	2	7

#33

9	7	3	8	4	2	1	6	5
6	2	1	3	9	5	7	8	4
4	5	8	6	1	7	2	9	3
7	9	6	1	5	8	3	4	2
3	4	2	7	6	9	5	1	8
8	1	5	2	3	4	9	7	6
5	6	7	9	8	3	4	2	1
2	8	4	5	7	1	6	3	9
1	3	9	4	2	6	8	5	7

#34

7	2	8	3	6	1	4	5	9
6	3	1	9	4	5	8	2	7
9	4	5	2	8	7	3	6	1
5	1	6	4	2	9	7	8	3
3	7	4	8	5	6	1	9	2
8	9	2	1	7	3	5	4	6
2	8	7	6	1	4	9	3	5
4	5	3	7	9	2	6	1	8
1	6	9	5	3	8	2	7	4

#35

8	5	6	7	1	3	9	2	4
9	3	7	4	6	2	5	8	1
4	2	1	8	9	5	3	7	6
6	7	9	3	8	4	1	5	2
5	8	4	2	7	1	6	9	3
3	1	2	6	5	9	8	4	7
2	4	5	1	3	8	7	6	9
1	6	8	9	2	7	4	3	5
7	9	3	5	4	6	2	1	8

#36

5	6	9	4	3	1	2	8	7
1	3	8	7	5	2	6	9	4
7	2	4	6	9	8	3	1	5
8	7	6	9	2	4	1	5	3
9	5	1	8	6	3	4	7	2
2	4	3	5	1	7	9	6	8
4	9	5	3	7	6	8	2	1
3	1	7	2	8	9	5	4	6
6	8	2	1	4	5	7	3	9

#37

2	9	3	8	5	7	1	4	6
4	7	8	6	1	3	5	9	2
1	5	6	9	4	2	7	8	3
5	2	1	3	7	9	8	6	4
3	4	9	1	6	8	2	5	7
8	6	7	5	2	4	3	1	9
7	8	5	2	9	6	4	3	1
9	1	2	4	3	5	6	7	8
6	3	4	7	8	1	9	2	5

#38

9	4	6	7	2	5	8	3	1
7	2	5	3	8	1	6	9	4
8	3	1	9	4	6	2	5	7
4	1	7	6	3	2	9	8	5
2	5	8	4	7	9	1	6	3
3	6	9	1	5	8	7	4	2
1	9	2	5	6	3	4	7	8
6	7	3	8	1	4	5	2	9
5	8	4	2	9	7	3	1	6

#39

8	9	5	7	4	3	1	2	6
7	4	6	2	8	1	9	5	3
3	1	2	6	5	9	7	4	8
1	6	3	5	2	7	4	8	9
9	8	7	1	6	4	5	3	2
5	2	4	9	3	8	6	7	1
2	7	1	8	9	5	3	6	4
6	3	9	4	7	2	8	1	5
4	5	8	3	1	6	2	9	7

#40

9	5	8	3	4	1	6	7	2
1	7	4	8	6	2	9	5	3
6	2	3	5	7	9	1	4	8
8	6	9	4	1	7	2	3	5
7	1	5	9	2	3	8	6	4
4	3	2	6	8	5	7	9	1
5	8	6	2	9	4	3	1	7
2	4	1	7	3	6	5	8	9
3	9	7	1	5	8	4	2	6

#41

9	5	6	4	7	1	3	2	8
3	4	1	2	5	8	7	9	6
2	7	8	9	6	3	1	5	4
7	8	5	6	1	4	2	3	9
6	3	4	7	9	2	8	1	5
1	9	2	3	8	5	4	6	7
5	1	7	8	3	6	9	4	2
8	2	3	5	4	9	6	7	1
4	6	9	1	2	7	5	8	3

#42

6	3	9	7	2	5	1	4	8
7	1	8	9	3	4	6	2	5
4	2	5	1	6	8	7	3	9
2	4	1	6	9	3	8	5	7
5	6	7	4	8	2	9	1	3
8	9	3	5	1	7	4	6	2
9	5	4	3	7	6	2	8	1
1	8	6	2	5	9	3	7	4
3	7	2	8	4	1	5	9	6

#43

7	4	1	8	5	9	6	3	2
5	8	2	3	7	6	1	4	9
9	3	6	4	2	1	8	7	5
1	6	7	5	8	2	4	9	3
8	2	9	6	4	3	7	5	1
4	5	3	9	1	7	2	6	8
2	1	4	7	3	5	9	8	6
6	7	5	1	9	8	3	2	4
3	9	8	2	6	4	5	1	7

#44

9	7	4	5	8	1	2	3	6
5	6	3	9	4	2	8	1	7
2	8	1	7	6	3	5	9	4
7	2	5	6	3	4	1	8	9
6	4	8	2	1	9	3	7	5
1	3	9	8	5	7	4	6	2
8	9	6	1	2	5	7	4	3
4	1	2	3	7	6	9	5	8
3	5	7	4	9	8	6	2	1

#45

7	8	3	6	5	2	1	9	4
9	1	4	3	7	8	5	2	6
6	2	5	4	9	1	7	3	8
2	6	8	9	3	5	4	1	7
3	5	1	8	4	7	9	6	2
4	7	9	2	1	6	8	5	3
8	9	2	1	6	4	3	7	5
1	4	7	5	2	3	6	8	9
5	3	6	7	8	9	2	4	1

#46

4	9	8	5	2	3	6	1	7
6	1	5	8	9	7	4	3	2
3	2	7	4	1	6	5	9	8
9	3	6	7	5	2	8	4	1
5	4	1	6	8	9	7	2	3
8	7	2	3	4	1	9	6	5
7	8	9	1	3	4	2	5	6
2	6	3	9	7	5	1	8	4
1	5	4	2	6	8	3	7	9

#47

2	7	1	5	4	8	6	3	9
9	8	6	3	7	1	4	2	5
4	3	5	9	6	2	1	8	7
6	4	3	1	8	5	7	9	2
1	5	9	7	2	6	8	4	3
7	2	8	4	9	3	5	6	1
8	1	4	2	3	7	9	5	6
5	6	2	8	1	9	3	7	4
3	9	7	6	5	4	2	1	8

#48

3	8	6	2	4	1	5	7	9
5	7	9	6	3	8	2	1	4
4	2	1	7	5	9	6	8	3
7	4	8	1	6	5	3	9	2
6	3	5	9	8	2	7	4	1
9	1	2	3	7	4	8	6	5
8	9	4	5	2	6	1	3	7
2	6	3	4	1	7	9	5	8
1	5	7	8	9	3	4	2	6

#49

3	4	8	2	6	1	9	7	5
1	7	2	5	3	9	8	4	6
6	9	5	4	8	7	3	1	2
7	6	1	9	5	8	4	2	3
9	8	4	1	2	3	6	5	7
5	2	3	6	7	4	1	9	8
4	5	7	8	9	6	2	3	1
2	1	6	3	4	5	7	8	9
8	3	9	7	1	2	5	6	4

#50

5	9	6	3	2	4	7	1	8
8	1	4	9	7	6	2	5	3
7	2	3	1	8	5	6	9	4
4	5	2	8	1	9	3	6	7
6	8	7	4	5	3	9	2	1
1	3	9	7	6	2	4	8	5
2	7	1	6	4	8	5	3	9
3	6	8	5	9	7	1	4	2
9	4	5	2	3	1	8	7	6

#51

2	6	1	9	3	7	8	4	5
7	5	4	1	2	8	6	3	9
8	3	9	4	6	5	1	7	2
5	9	6	3	4	2	7	1	8
3	2	7	5	8	1	9	6	4
1	4	8	6	7	9	5	2	3
4	7	2	8	5	6	3	9	1
9	8	3	7	1	4	2	5	6
6	1	5	2	9	3	4	8	7

#52

5	7	8	1	9	4	6	3	2
3	2	6	5	8	7	4	9	1
1	9	4	3	2	6	7	8	5
7	1	9	2	6	5	3	4	8
4	3	5	8	1	9	2	7	6
8	6	2	4	7	3	1	5	9
6	5	3	9	4	2	8	1	7
2	4	1	7	5	8	9	6	3
9	8	7	6	3	1	5	2	4

#53

7	2	5	4	9	1	3	6	8
8	4	1	5	6	3	2	7	9
6	9	3	7	8	2	1	5	4
5	1	2	9	4	7	6	8	3
9	3	6	8	2	5	4	1	7
4	7	8	1	3	6	9	2	5
2	6	7	3	5	9	8	4	1
3	5	4	2	1	8	7	9	6
1	8	9	6	7	4	5	3	2

#54

2	9	5	4	6	1	3	7	8
8	1	7	2	5	3	6	9	4
4	6	3	9	8	7	5	1	2
7	3	1	5	2	6	8	4	9
5	2	9	1	4	8	7	3	6
6	4	8	3	7	9	2	5	1
3	5	2	8	1	4	9	6	7
1	8	6	7	9	5	4	2	3
9	7	4	6	3	2	1	8	5

#55

4	7	2	9	8	1	6	5	3
9	8	3	7	5	6	2	4	1
1	5	6	2	4	3	7	9	8
7	3	9	8	6	5	1	2	4
2	6	8	4	1	7	9	3	5
5	1	4	3	9	2	8	6	7
6	9	1	5	3	8	4	7	2
8	2	5	6	7	4	3	1	9
3	4	7	1	2	9	5	8	6

#56

2	3	6	8	1	5	4	9	7
9	1	4	3	7	2	6	5	8
8	5	7	9	6	4	2	1	3
4	6	8	5	3	9	7	2	1
3	7	1	2	8	6	5	4	9
5	9	2	1	4	7	8	3	6
7	2	5	6	9	1	3	8	4
1	4	3	7	2	8	9	6	5
6	8	9	4	5	3	1	7	2

#57

2	9	6	8	4	7	1	5	3
1	8	4	2	3	5	6	9	7
3	7	5	9	6	1	8	2	4
5	6	2	4	8	9	3	7	1
9	3	7	1	2	6	5	4	8
8	4	1	5	7	3	2	6	9
6	1	9	3	5	4	7	8	2
4	5	8	7	1	2	9	3	6
7	2	3	6	9	8	4	1	5

#58

9	6	7	4	1	5	8	2	3
3	5	8	7	2	9	1	6	4
2	1	4	3	6	8	9	5	7
5	3	6	1	8	4	7	9	2
4	9	1	5	7	2	6	3	8
7	8	2	9	3	6	4	1	5
6	2	3	8	4	1	5	7	9
8	7	9	6	5	3	2	4	1
1	4	5	2	9	7	3	8	6

#59

9	3	8	2	1	4	7	6	5
4	1	7	6	9	5	3	2	8
5	6	2	8	3	7	4	1	9
6	8	1	4	5	2	9	7	3
7	9	3	1	6	8	2	5	4
2	4	5	9	7	3	1	8	6
8	5	9	3	2	1	6	4	7
1	7	6	5	4	9	8	3	2
3	2	4	7	8	6	5	9	1

#60

8	5	6	9	3	2	4	1	7
4	9	1	7	6	5	3	2	8
3	2	7	1	4	8	9	6	5
9	1	5	8	2	6	7	3	4
2	3	4	5	9	7	6	8	1
7	6	8	4	1	3	5	9	2
1	4	3	2	7	9	8	5	6
6	8	2	3	5	4	1	7	9
5	7	9	6	8	1	2	4	3

#61

8	3	1	5	2	6	9	7	4
4	7	2	8	9	1	6	5	3
5	6	9	3	4	7	2	8	1
9	1	7	4	5	2	3	6	8
6	8	3	7	1	9	5	4	2
2	5	4	6	3	8	7	1	9
3	2	6	1	8	5	4	9	7
1	4	5	9	7	3	8	2	6
7	9	8	2	6	4	1	3	5

#62

5	8	3	4	9	2	7	6	1
1	4	9	6	3	7	5	8	2
6	7	2	8	5	1	4	9	3
3	1	8	5	7	4	9	2	6
9	6	4	2	1	8	3	7	5
7	2	5	3	6	9	1	4	8
2	9	6	1	4	3	8	5	7
8	3	7	9	2	5	6	1	4
4	5	1	7	8	6	2	3	9

#63

1	8	4	3	5	7	9	6	2
9	3	2	6	4	1	5	7	8
6	7	5	2	8	9	1	3	4
5	2	8	1	6	4	7	9	3
3	1	6	7	9	2	4	8	5
7	4	9	8	3	5	6	2	1
8	5	3	4	7	6	2	1	9
2	9	7	5	1	3	8	4	6
4	6	1	9	2	8	3	5	7

#64

4	2	3	9	1	6	8	5	7
1	8	5	4	2	7	3	9	6
6	7	9	8	5	3	4	2	1
9	1	8	6	7	4	5	3	2
3	5	2	1	9	8	7	6	4
7	4	6	2	3	5	9	1	8
5	6	4	3	8	2	1	7	9
8	3	1	7	6	9	2	4	5
2	9	7	5	4	1	6	8	3

#65

4	5	3	9	1	8	2	6	7
6	8	1	2	7	3	4	5	9
2	7	9	6	5	4	8	1	3
3	9	2	5	4	7	1	8	6
1	6	7	8	3	2	5	9	4
8	4	5	1	6	9	7	3	2
7	2	8	3	9	1	6	4	5
5	3	4	7	8	6	9	2	1
9	1	6	4	2	5	3	7	8

#66

1	8	5	3	4	2	9	6	7
7	4	9	6	5	1	2	8	3
6	3	2	9	8	7	5	1	4
2	1	8	5	3	9	4	7	6
5	7	3	1	6	4	8	9	2
4	9	6	7	2	8	1	3	5
8	5	7	4	1	6	3	2	9
3	6	1	2	9	5	7	4	8
9	2	4	8	7	3	6	5	1

#67

2	5	9	3	6	8	4	7	1
4	1	3	7	9	5	8	6	2
6	7	8	1	4	2	9	5	3
7	9	6	5	8	3	2	1	4
5	4	1	2	7	9	3	8	6
8	3	2	4	1	6	5	9	7
1	8	5	6	2	4	7	3	9
9	6	4	8	3	7	1	2	5
3	2	7	9	5	1	6	4	8

#68

3	2	8	7	9	4	5	1	6
1	5	4	8	6	2	7	3	9
9	6	7	1	5	3	2	4	8
2	9	3	4	7	6	8	5	1
4	7	1	3	8	5	6	9	2
6	8	5	2	1	9	4	7	3
7	3	6	5	2	1	9	8	4
8	4	2	9	3	7	1	6	5
5	1	9	6	4	8	3	2	7

#69

5	8	1	9	2	6	3	7	4
2	6	3	4	1	7	8	5	9
4	7	9	8	5	3	2	6	1
7	4	6	2	8	5	1	9	3
9	2	8	3	6	1	7	4	5
1	3	5	7	4	9	6	2	8
8	9	2	6	3	4	5	1	7
6	1	4	5	7	8	9	3	2
3	5	7	1	9	2	4	8	6

#70

9	6	8	5	3	1	7	4	2
5	7	2	9	4	6	8	1	3
4	3	1	7	8	2	9	6	5
2	9	6	8	5	3	4	7	1
7	8	4	2	1	9	3	5	6
3	1	5	6	7	4	2	8	9
8	4	3	1	9	5	6	2	7
6	5	7	3	2	8	1	9	4
1	2	9	4	6	7	5	3	8

#71

9	6	5	7	3	8	4	1	2
1	7	4	9	2	5	6	3	8
3	2	8	1	6	4	7	5	9
6	5	2	8	7	9	3	4	1
4	3	9	6	5	1	8	2	7
8	1	7	2	4	3	5	9	6
7	9	3	5	8	2	1	6	4
2	4	6	3	1	7	9	8	5
5	8	1	4	9	6	2	7	3

#72

2	5	6	4	8	1	3	7	9
1	9	7	3	5	2	8	4	6
8	3	4	7	9	6	5	1	2
5	7	8	2	3	4	9	6	1
3	6	1	8	7	9	2	5	4
4	2	9	6	1	5	7	8	3
7	4	5	1	2	3	6	9	8
6	8	2	9	4	7	1	3	5
9	1	3	5	6	8	4	2	7

#73

3	4	1	9	6	2	5	7	8
5	8	6	1	3	7	2	4	9
2	9	7	5	8	4	1	3	6
1	2	8	3	5	9	4	6	7
4	6	3	7	1	8	9	2	5
9	7	5	2	4	6	3	8	1
6	1	4	8	2	5	7	9	3
8	5	9	4	7	3	6	1	2
7	3	2	6	9	1	8	5	4

#74

4	2	8	6	3	9	1	7	5
6	5	9	7	1	8	2	3	4
1	7	3	5	4	2	9	6	8
7	3	5	1	9	6	4	8	2
9	4	2	8	7	3	6	5	1
8	1	6	2	5	4	3	9	7
5	9	7	4	6	1	8	2	3
3	8	1	9	2	5	7	4	6
2	6	4	3	8	7	5	1	9

#75

7	2	4	1	6	3	8	5	9
3	1	8	9	7	5	6	4	2
9	5	6	8	2	4	1	3	7
1	9	3	2	4	7	5	6	8
6	8	5	3	9	1	7	2	4
4	7	2	5	8	6	9	1	3
5	4	1	7	3	9	2	8	6
8	6	7	4	5	2	3	9	1
2	3	9	6	1	8	4	7	5

#76

2	5	4	6	1	8	9	3	7
8	3	1	7	4	9	6	2	5
9	7	6	5	2	3	8	1	4
6	1	5	3	8	7	4	9	2
4	2	3	1	9	6	7	5	8
7	9	8	4	5	2	1	6	3
3	8	9	2	7	1	5	4	6
1	4	2	8	6	5	3	7	9
5	6	7	9	3	4	2	8	1

#77

3	7	2	6	1	4	9	5	8
8	1	9	7	2	5	3	6	4
5	6	4	3	8	9	1	7	2
9	5	3	1	7	8	4	2	6
2	4	7	9	5	6	8	1	3
1	8	6	2	4	3	7	9	5
7	3	8	5	9	2	6	4	1
6	2	1	4	3	7	5	8	9
4	9	5	8	6	1	2	3	7

#78

4	9	3	5	2	1	8	7	6
5	2	8	6	3	7	9	4	1
1	6	7	9	4	8	2	3	5
2	3	4	7	6	5	1	8	9
6	5	9	1	8	3	7	2	4
8	7	1	2	9	4	6	5	3
3	1	5	8	7	6	4	9	2
9	8	6	4	5	2	3	1	7
7	4	2	3	1	9	5	6	8

#79

2	3	9	1	8	7	6	4	5
6	7	8	4	5	3	2	9	1
5	1	4	6	2	9	8	7	3
8	2	6	9	7	1	3	5	4
7	9	5	2	3	4	1	6	8
1	4	3	8	6	5	9	2	7
4	6	1	5	9	8	7	3	2
9	8	7	3	4	2	5	1	6
3	5	2	7	1	6	4	8	9

#80

7	4	1	3	5	6	8	2	9
8	2	3	4	9	7	1	6	5
5	6	9	2	1	8	7	4	3
9	1	7	8	6	4	5	3	2
2	5	4	7	3	1	9	8	6
3	8	6	9	2	5	4	7	1
4	9	2	5	8	3	6	1	7
1	7	5	6	4	2	3	9	8
6	3	8	1	7	9	2	5	4

#81

6	4	8	5	3	7	1	9	2
1	7	9	6	8	2	5	3	4
3	5	2	1	9	4	7	8	6
8	3	6	4	5	9	2	1	7
5	9	7	3	2	1	4	6	8
2	1	4	7	6	8	3	5	9
9	8	1	2	7	3	6	4	5
7	6	3	8	4	5	9	2	1
4	2	5	9	1	6	8	7	3

#82

8	9	5	1	2	7	4	3	6
3	4	1	5	9	6	2	8	7
2	6	7	8	4	3	9	5	1
5	3	4	6	1	9	8	7	2
1	2	6	3	7	8	5	4	9
9	7	8	2	5	4	6	1	3
7	1	9	4	6	5	3	2	8
6	5	3	7	8	2	1	9	4
4	8	2	9	3	1	7	6	5

#83

5	2	1	3	8	6	7	9	4
4	9	6	5	7	2	3	8	1
3	8	7	4	9	1	2	6	5
2	6	3	1	4	7	8	5	9
1	4	8	2	5	9	6	3	7
9	7	5	6	3	8	1	4	2
7	1	4	9	6	3	5	2	8
6	5	2	8	1	4	9	7	3
8	3	9	7	2	5	4	1	6

#84

1	5	9	3	8	6	7	4	2
6	7	2	5	4	1	8	9	3
3	8	4	2	7	9	6	5	1
5	1	8	7	2	3	9	6	4
4	9	3	1	6	5	2	7	8
2	6	7	8	9	4	1	3	5
8	2	5	6	3	7	4	1	9
7	4	1	9	5	8	3	2	6
9	3	6	4	1	2	5	8	7

#85

3	8	9	5	2	4	1	7	6
1	7	5	8	6	9	3	2	4
4	2	6	7	3	1	5	8	9
2	6	4	9	1	8	7	3	5
9	1	7	3	4	5	2	6	8
8	5	3	2	7	6	9	4	1
6	4	2	1	5	3	8	9	7
5	3	8	6	9	7	4	1	2
7	9	1	4	8	2	6	5	3

#86

2	8	1	3	6	7	4	9	5
7	5	9	8	1	4	2	6	3
3	6	4	5	2	9	7	8	1
9	2	5	6	7	8	3	1	4
4	1	8	9	3	5	6	2	7
6	7	3	1	4	2	9	5	8
8	9	6	4	5	3	1	7	2
5	3	2	7	9	1	8	4	6
1	4	7	2	8	6	5	3	9

#87

7	2	9	3	5	1	6	8	4
8	3	5	9	6	4	1	2	7
4	6	1	8	7	2	5	3	9
3	4	8	7	1	9	2	5	6
2	1	6	5	4	8	9	7	3
5	9	7	6	2	3	4	1	8
9	8	4	2	3	5	7	6	1
6	5	3	1	9	7	8	4	2
1	7	2	4	8	6	3	9	5

#88

6	2	5	4	1	3	9	7	8
4	7	1	5	8	9	3	6	2
3	8	9	2	7	6	4	5	1
9	5	6	3	2	7	8	1	4
8	1	2	9	4	5	6	3	7
7	4	3	8	6	1	5	2	9
5	6	8	7	9	2	1	4	3
1	9	7	6	3	4	2	8	5
2	3	4	1	5	8	7	9	6

#89

3	8	2	7	6	4	9	1	5
1	6	7	9	5	8	4	2	3
4	9	5	3	1	2	8	6	7
8	7	9	5	3	6	2	4	1
5	2	1	8	4	7	3	9	6
6	3	4	1	2	9	7	5	8
7	4	8	6	9	1	5	3	2
9	5	6	2	7	3	1	8	4
2	1	3	4	8	5	6	7	9

#90

9	7	5	8	1	6	2	3	4
8	3	4	7	2	9	6	5	1
2	6	1	4	5	3	7	8	9
7	2	8	5	9	4	1	6	3
3	1	9	6	8	7	4	2	5
4	5	6	2	3	1	8	9	7
6	4	2	9	7	5	3	1	8
1	9	7	3	6	8	5	4	2
5	8	3	1	4	2	9	7	6

#91

7	9	6	2	4	1	5	8	3
3	1	8	6	7	5	4	2	9
4	5	2	9	8	3	6	1	7
5	8	4	3	1	7	2	9	6
6	3	1	4	9	2	8	7	5
2	7	9	8	5	6	3	4	1
9	6	3	1	2	8	7	5	4
8	4	7	5	6	9	1	3	2
1	2	5	7	3	4	9	6	8

#92

2	1	6	4	3	8	5	9	7
7	5	8	6	9	2	4	1	3
4	9	3	5	7	1	2	6	8
3	4	7	2	6	9	8	5	1
6	2	1	8	4	5	7	3	9
9	8	5	3	1	7	6	4	2
1	7	2	9	5	6	3	8	4
8	6	4	1	2	3	9	7	5
5	3	9	7	8	4	1	2	6

#93

6	1	3	4	7	2	8	9	5
2	9	8	6	5	1	3	4	7
4	7	5	9	3	8	2	6	1
5	2	7	3	1	9	4	8	6
9	8	4	5	6	7	1	2	3
1	3	6	8	2	4	7	5	9
7	6	1	2	4	5	9	3	8
3	4	9	7	8	6	5	1	2
8	5	2	1	9	3	6	7	4

#94

1	2	7	4	5	9	6	8	3
5	3	9	8	6	7	4	2	1
4	8	6	3	2	1	5	9	7
9	7	2	6	1	8	3	4	5
3	6	4	5	9	2	7	1	8
8	1	5	7	4	3	9	6	2
6	4	3	2	8	5	1	7	9
7	9	8	1	3	6	2	5	4
2	5	1	9	7	4	8	3	6

#95

3	5	1	2	7	6	9	8	4
9	7	6	8	5	4	2	3	1
2	4	8	9	3	1	7	6	5
7	1	3	5	9	8	4	2	6
5	6	9	1	4	2	8	7	3
4	8	2	3	6	7	5	1	9
8	9	5	6	2	3	1	4	7
1	3	7	4	8	9	6	5	2
6	2	4	7	1	5	3	9	8

#96

1	5	3	8	2	9	7	6	4
8	6	2	7	5	4	1	3	9
9	7	4	1	3	6	2	5	8
2	4	5	9	6	8	3	7	1
3	9	6	5	7	1	4	8	2
7	8	1	2	4	3	6	9	5
5	1	7	3	9	2	8	4	6
6	3	8	4	1	5	9	2	7
4	2	9	6	8	7	5	1	3

#97

8	1	5	9	3	4	6	2	7
4	6	7	8	2	5	9	1	3
2	3	9	6	7	1	5	4	8
9	7	3	2	1	8	4	5	6
1	8	4	7	5	6	3	9	2
5	2	6	4	9	3	7	8	1
7	5	8	3	4	2	1	6	9
6	9	1	5	8	7	2	3	4
3	4	2	1	6	9	8	7	5

#98

5	6	1	4	2	7	3	9	8
8	9	4	6	1	3	5	7	2
3	7	2	9	8	5	1	4	6
1	5	8	2	4	9	6	3	7
7	2	3	1	5	6	9	8	4
6	4	9	7	3	8	2	5	1
9	1	7	5	6	4	8	2	3
4	8	6	3	9	2	7	1	5
2	3	5	8	7	1	4	6	9

#99

7	4	6	5	1	3	2	9	8
8	9	2	7	6	4	5	3	1
1	3	5	9	2	8	4	6	7
6	2	9	4	8	5	1	7	3
4	5	8	3	7	1	9	2	6
3	7	1	2	9	6	8	4	5
2	1	4	6	5	7	3	8	9
9	8	7	1	3	2	6	5	4
5	6	3	8	4	9	7	1	2

#100

4	3	9	7	6	8	1	2	5
7	2	1	9	3	5	4	6	8
6	5	8	4	1	2	3	9	7
8	4	6	1	9	3	5	7	2
2	1	5	8	4	7	9	3	6
9	7	3	2	5	6	8	1	4
3	8	7	5	2	1	6	4	9
5	6	4	3	7	9	2	8	1
1	9	2	6	8	4	7	5	3

#101

9	4	6	1	7	3	5	2	8
3	2	8	5	6	4	1	7	9
7	1	5	8	2	9	6	3	4
8	5	3	6	4	2	9	1	7
4	9	1	3	8	7	2	5	6
6	7	2	9	5	1	8	4	3
2	6	7	4	1	8	3	9	5
1	8	9	7	3	5	4	6	2
5	3	4	2	9	6	7	8	1

#102

5	9	1	8	3	6	2	4	7
6	4	2	7	9	1	8	5	3
7	8	3	5	4	2	9	1	6
1	2	4	9	7	5	3	6	8
8	7	5	6	2	3	1	9	4
3	6	9	1	8	4	7	2	5
4	5	7	2	1	8	6	3	9
2	3	8	4	6	9	5	7	1
9	1	6	3	5	7	4	8	2

#103

1	7	9	3	4	2	8	5	6
3	6	5	7	1	8	4	9	2
8	2	4	5	6	9	7	3	1
7	9	8	4	2	3	6	1	5
6	1	2	9	7	5	3	8	4
5	4	3	1	8	6	2	7	9
9	8	6	2	3	1	5	4	7
2	5	7	8	9	4	1	6	3
4	3	1	6	5	7	9	2	8

#104

3	6	9	8	4	7	1	2	5
2	1	8	6	3	5	7	4	9
5	7	4	2	1	9	8	6	3
1	5	7	4	9	8	2	3	6
9	3	2	1	7	6	4	5	8
4	8	6	3	5	2	9	7	1
7	9	1	5	6	4	3	8	2
6	2	3	7	8	1	5	9	4
8	4	5	9	2	3	6	1	7

#105

2	4	8	6	7	1	3	9	5
5	7	1	8	9	3	4	2	6
3	6	9	5	4	2	8	7	1
1	8	5	4	2	9	6	3	7
9	3	7	1	6	5	2	4	8
4	2	6	7	3	8	1	5	9
7	9	2	3	8	6	5	1	4
6	5	3	9	1	4	7	8	2
8	1	4	2	5	7	9	6	3

#106

9	4	5	1	3	7	2	8	6
7	3	6	8	5	2	9	1	4
1	8	2	9	6	4	7	5	3
6	9	3	5	1	8	4	2	7
5	7	4	3	2	9	8	6	1
8	2	1	7	4	6	5	3	9
2	6	7	4	8	3	1	9	5
4	1	8	6	9	5	3	7	2
3	5	9	2	7	1	6	4	8

#107

8	5	2	3	7	1	6	9	4
4	1	9	6	8	2	3	5	7
6	7	3	5	4	9	2	8	1
5	3	8	2	9	7	4	1	6
7	9	6	1	3	4	5	2	8
2	4	1	8	5	6	7	3	9
3	6	4	9	2	8	1	7	5
1	8	5	7	6	3	9	4	2
9	2	7	4	1	5	8	6	3

#108

1	7	6	5	8	3	4	9	2
3	2	8	6	9	4	1	7	5
5	9	4	1	2	7	3	6	8
2	6	3	7	1	9	5	8	4
8	1	5	2	4	6	7	3	9
7	4	9	8	3	5	6	2	1
9	8	7	4	6	1	2	5	3
6	3	1	9	5	2	8	4	7
4	5	2	3	7	8	9	1	6

#109

8	4	5	3	1	2	7	6	9
9	6	2	7	4	5	3	8	1
7	1	3	6	8	9	4	5	2
5	7	9	2	3	6	1	4	8
3	2	4	8	9	1	6	7	5
1	8	6	4	5	7	9	2	3
6	9	7	1	2	8	5	3	4
4	5	8	9	6	3	2	1	7
2	3	1	5	7	4	8	9	6

#110

5	7	9	8	6	1	3	2	4
1	3	2	5	7	4	6	9	8
4	8	6	3	2	9	5	1	7
3	6	1	7	5	8	9	4	2
7	9	5	2	4	6	1	8	3
8	2	4	1	9	3	7	5	6
9	4	8	6	3	5	2	7	1
6	1	7	9	8	2	4	3	5
2	5	3	4	1	7	8	6	9

#111

4	8	3	2	6	9	5	1	7
5	7	1	3	4	8	6	9	2
6	2	9	7	1	5	4	3	8
1	5	8	4	2	6	3	7	9
3	9	2	8	5	7	1	6	4
7	4	6	9	3	1	2	8	5
2	1	7	6	8	4	9	5	3
8	3	5	1	9	2	7	4	6
9	6	4	5	7	3	8	2	1

#112

3	5	4	7	9	2	6	1	8
1	6	2	3	8	4	7	5	9
9	7	8	1	5	6	4	3	2
8	2	5	9	3	7	1	6	4
6	4	3	5	2	1	8	9	7
7	9	1	4	6	8	3	2	5
4	1	6	2	7	9	5	8	3
2	3	7	8	1	5	9	4	6
5	8	9	6	4	3	2	7	1

#113

1	6	8	5	3	2	9	7	4
7	9	2	1	8	4	3	6	5
5	4	3	6	7	9	8	1	2
6	2	1	7	9	3	4	5	8
9	3	4	8	5	1	7	2	6
8	7	5	2	4	6	1	9	3
3	8	6	9	1	5	2	4	7
2	1	7	4	6	8	5	3	9
4	5	9	3	2	7	6	8	1

#114

8	6	1	7	2	4	5	3	9
9	3	5	1	6	8	4	7	2
4	7	2	5	3	9	1	6	8
6	8	3	4	5	1	9	2	7
2	4	7	9	8	6	3	1	5
1	5	9	2	7	3	6	8	4
5	2	6	3	9	7	8	4	1
7	1	8	6	4	5	2	9	3
3	9	4	8	1	2	7	5	6

#115

7	8	1	3	4	6	5	9	2
3	2	6	9	8	5	7	1	4
5	4	9	2	7	1	6	3	8
1	5	3	4	6	9	8	2	7
2	9	8	5	3	7	4	6	1
4	6	7	1	2	8	9	5	3
9	3	4	8	5	2	1	7	6
6	1	2	7	9	4	3	8	5
8	7	5	6	1	3	2	4	9

#116

7	6	8	4	3	2	5	9	1
1	2	5	9	6	8	4	3	7
9	3	4	7	1	5	6	8	2
6	4	9	8	2	1	7	5	3
8	5	2	3	7	9	1	6	4
3	7	1	6	5	4	8	2	9
4	8	6	2	9	7	3	1	5
2	1	7	5	8	3	9	4	6
5	9	3	1	4	6	2	7	8

#117

9	2	5	8	4	3	6	7	1
7	1	4	5	6	9	3	8	2
3	6	8	2	1	7	5	9	4
1	9	3	4	5	8	2	6	7
5	7	6	9	2	1	8	4	3
8	4	2	3	7	6	9	1	5
4	8	9	7	3	2	1	5	6
2	5	1	6	8	4	7	3	9
6	3	7	1	9	5	4	2	8

#118

4	8	5	6	2	7	3	9	1
7	3	1	9	8	4	6	5	2
2	9	6	3	5	1	4	8	7
9	2	8	1	3	5	7	6	4
6	5	4	2	7	8	9	1	3
3	1	7	4	6	9	8	2	5
8	7	2	5	4	6	1	3	9
5	6	9	7	1	3	2	4	8
1	4	3	8	9	2	5	7	6

#119

9	5	2	6	1	3	8	4	7
6	8	4	2	5	7	3	1	9
7	3	1	4	9	8	5	6	2
8	2	3	7	4	1	9	5	6
1	4	9	5	3	6	7	2	8
5	7	6	8	2	9	4	3	1
4	1	5	9	8	2	6	7	3
2	6	8	3	7	5	1	9	4
3	9	7	1	6	4	2	8	5

#120

3	2	6	8	1	5	9	7	4
4	7	5	9	2	3	1	8	6
9	8	1	4	7	6	2	5	3
1	5	7	6	4	9	3	2	8
8	3	2	7	5	1	4	6	9
6	9	4	2	3	8	5	1	7
5	1	8	3	9	7	6	4	2
7	4	3	5	6	2	8	9	1
2	6	9	1	8	4	7	3	5

#121

1	6	8	5	7	9	3	2	4
2	7	5	3	8	4	1	6	9
9	4	3	2	1	6	8	5	7
3	1	4	9	5	7	6	8	2
7	2	9	1	6	8	4	3	5
8	5	6	4	2	3	7	9	1
5	3	1	8	4	2	9	7	6
6	9	2	7	3	1	5	4	8
4	8	7	6	9	5	2	1	3

#122

1	3	6	7	9	4	2	5	8
9	8	5	1	6	2	7	4	3
4	2	7	5	3	8	1	6	9
5	4	2	8	1	6	3	9	7
7	1	9	4	5	3	8	2	6
8	6	3	9	2	7	5	1	4
3	5	1	6	8	9	4	7	2
6	7	8	2	4	5	9	3	1
2	9	4	3	7	1	6	8	5

#123

8	5	4	2	9	6	1	7	3
9	1	3	8	4	7	5	2	6
2	7	6	3	5	1	8	9	4
5	9	8	1	2	4	3	6	7
7	4	1	5	6	3	2	8	9
6	3	2	7	8	9	4	5	1
3	6	5	4	7	2	9	1	8
4	8	9	6	1	5	7	3	2
1	2	7	9	3	8	6	4	5

#124

7	3	9	8	5	2	1	4	6
6	2	5	1	3	4	9	8	7
1	4	8	7	9	6	2	3	5
3	7	4	5	1	8	6	9	2
8	6	2	4	7	9	5	1	3
9	5	1	6	2	3	8	7	4
2	1	3	9	4	5	7	6	8
5	9	6	3	8	7	4	2	1
4	8	7	2	6	1	3	5	9

#125

5	2	7	9	3	6	4	8	1
4	9	1	8	2	5	6	7	3
3	6	8	1	4	7	9	2	5
6	8	5	2	9	4	3	1	7
2	4	3	5	7	1	8	6	9
1	7	9	3	6	8	5	4	2
8	3	6	7	5	2	1	9	4
7	5	4	6	1	9	2	3	8
9	1	2	4	8	3	7	5	6

#126

9	8	2	6	3	5	4	1	7
4	7	6	8	9	1	5	3	2
1	3	5	2	4	7	6	9	8
8	6	4	7	1	9	3	2	5
3	5	7	4	8	2	9	6	1
2	9	1	5	6	3	8	7	4
7	4	8	9	2	6	1	5	3
6	2	3	1	5	4	7	8	9
5	1	9	3	7	8	2	4	6

#127

7	9	3	5	1	2	6	4	8
5	6	4	9	8	7	2	3	1
1	8	2	6	4	3	5	7	9
2	4	7	1	3	8	9	6	5
3	5	6	4	2	9	8	1	7
8	1	9	7	5	6	4	2	3
4	2	1	3	9	5	7	8	6
6	3	5	8	7	4	1	9	2
9	7	8	2	6	1	3	5	4

#128

2	7	6	5	8	4	1	9	3
5	4	9	3	6	1	7	8	2
3	1	8	9	7	2	6	5	4
7	9	1	4	3	8	2	6	5
8	5	2	1	9	6	3	4	7
6	3	4	7	2	5	8	1	9
1	6	7	2	5	9	4	3	8
4	2	5	8	1	3	9	7	6
9	8	3	6	4	7	5	2	1

#129

7	9	5	3	8	6	1	4	2
3	2	6	1	7	4	9	8	5
8	4	1	5	2	9	7	6	3
2	8	7	4	9	1	3	5	6
6	1	4	7	3	5	2	9	8
9	5	3	2	6	8	4	7	1
4	3	8	9	5	2	6	1	7
5	7	9	6	1	3	8	2	4
1	6	2	8	4	7	5	3	9

#130

2	7	6	8	4	3	9	1	5
4	1	5	6	7	9	8	3	2
3	8	9	1	5	2	6	4	7
8	5	2	7	1	6	4	9	3
6	3	7	5	9	4	2	8	1
1	9	4	3	2	8	7	5	6
9	6	1	2	8	5	3	7	4
5	2	8	4	3	7	1	6	9
7	4	3	9	6	1	5	2	8

#131

5	1	6	2	9	8	3	4	7
7	8	9	3	5	4	6	1	2
3	2	4	6	1	7	8	5	9
2	6	7	5	8	1	4	9	3
8	9	5	7	4	3	1	2	6
4	3	1	9	2	6	5	7	8
6	5	2	1	3	9	7	8	4
9	7	8	4	6	5	2	3	1
1	4	3	8	7	2	9	6	5

#132

6	3	7	2	4	1	9	5	8
9	5	8	7	3	6	4	1	2
4	1	2	9	8	5	3	7	6
8	7	9	3	1	2	6	4	5
5	4	6	8	7	9	2	3	1
1	2	3	5	6	4	7	8	9
3	8	1	6	9	7	5	2	4
2	9	4	1	5	3	8	6	7
7	6	5	4	2	8	1	9	3

#133

6	9	2	3	1	4	8	5	7
5	3	7	9	2	8	4	1	6
8	1	4	6	7	5	3	2	9
1	4	6	8	5	2	9	7	3
3	7	5	1	9	6	2	8	4
9	2	8	7	4	3	5	6	1
7	6	3	5	8	9	1	4	2
4	8	9	2	6	1	7	3	5
2	5	1	4	3	7	6	9	8

#134

9	5	1	6	7	8	3	4	2
3	8	2	5	4	9	1	6	7
4	7	6	1	3	2	9	8	5
8	1	3	4	9	5	2	7	6
7	4	9	3	2	6	8	5	1
6	2	5	8	1	7	4	3	9
1	6	8	9	5	4	7	2	3
5	3	7	2	8	1	6	9	4
2	9	4	7	6	3	5	1	8

#135

2	1	7	4	9	5	6	3	8
4	3	6	2	7	8	1	5	9
5	9	8	3	6	1	7	2	4
9	4	2	1	3	7	8	6	5
1	6	5	8	4	2	9	7	3
7	8	3	9	5	6	4	1	2
8	2	4	6	1	3	5	9	7
3	7	1	5	8	9	2	4	6
6	5	9	7	2	4	3	8	1

#136

5	8	1	4	9	3	2	7	6
3	9	6	7	8	2	1	5	4
2	4	7	5	6	1	3	9	8
9	5	2	1	3	6	8	4	7
8	7	4	2	5	9	6	1	3
1	6	3	8	7	4	9	2	5
6	3	5	9	2	7	4	8	1
7	1	9	3	4	8	5	6	2
4	2	8	6	1	5	7	3	9

#137

2	5	6	8	1	7	9	4	3
1	4	8	2	3	9	6	7	5
9	3	7	4	6	5	8	2	1
5	1	9	6	2	3	4	8	7
8	7	3	5	9	4	2	1	6
4	6	2	7	8	1	3	5	9
3	8	4	1	5	6	7	9	2
6	2	5	9	7	8	1	3	4
7	9	1	3	4	2	5	6	8

#138

2	4	6	8	3	9	7	5	1
9	5	3	1	2	7	6	8	4
8	7	1	6	4	5	9	2	3
6	1	8	9	7	4	2	3	5
5	3	9	2	6	8	4	1	7
4	2	7	3	5	1	8	6	9
7	6	2	5	9	3	1	4	8
3	8	4	7	1	6	5	9	2
1	9	5	4	8	2	3	7	6

#139

1	4	9	7	8	3	5	2	6
6	3	2	9	5	4	7	1	8
8	7	5	6	2	1	3	9	4
3	8	4	5	6	9	1	7	2
5	1	7	2	4	8	6	3	9
2	9	6	1	3	7	8	4	5
7	2	1	8	9	5	4	6	3
9	5	3	4	7	6	2	8	1
4	6	8	3	1	2	9	5	7

#140

5	7	1	4	2	6	9	3	8
6	3	4	9	1	8	7	2	5
2	8	9	5	7	3	6	1	4
1	2	3	6	5	4	8	9	7
9	5	7	1	8	2	4	6	3
8	4	6	7	3	9	1	5	2
3	1	8	2	6	7	5	4	9
7	9	5	3	4	1	2	8	6
4	6	2	8	9	5	3	7	1

#141

6	1	3	7	5	4	2	9	8
9	8	7	3	1	2	6	4	5
5	4	2	8	6	9	3	7	1
2	6	4	1	9	3	8	5	7
3	7	1	6	8	5	4	2	9
8	9	5	2	4	7	1	6	3
4	5	6	9	3	8	7	1	2
1	2	8	5	7	6	9	3	4
7	3	9	4	2	1	5	8	6

#142

4	1	7	2	5	9	6	3	8
8	2	5	6	7	3	1	9	4
3	9	6	4	1	8	2	5	7
9	3	2	8	4	6	5	7	1
7	5	4	9	3	1	8	6	2
1	6	8	5	2	7	9	4	3
2	8	9	7	6	4	3	1	5
6	7	3	1	8	5	4	2	9
5	4	1	3	9	2	7	8	6

#143

9	7	2	5	1	3	6	8	4
3	8	6	4	2	7	9	1	5
1	4	5	6	9	8	7	3	2
8	3	7	2	6	5	4	9	1
6	2	1	3	4	9	5	7	8
4	5	9	8	7	1	3	2	6
2	9	8	7	5	4	1	6	3
7	6	4	1	3	2	8	5	9
5	1	3	9	8	6	2	4	7

#144

1	9	7	6	5	2	8	3	4
8	2	4	1	3	7	9	6	5
6	3	5	8	4	9	1	2	7
7	5	2	4	8	6	3	9	1
3	4	8	2	9	1	7	5	6
9	1	6	5	7	3	4	8	2
2	8	3	7	1	5	6	4	9
5	7	9	3	6	4	2	1	8
4	6	1	9	2	8	5	7	3

#145

5	2	3	9	7	8	1	4	6
7	6	1	2	4	5	3	8	9
4	9	8	1	3	6	2	5	7
9	7	4	8	6	1	5	3	2
6	8	5	3	9	2	7	1	4
3	1	2	4	5	7	9	6	8
2	3	7	6	1	4	8	9	5
1	5	6	7	8	9	4	2	3
8	4	9	5	2	3	6	7	1

#146

9	7	2	6	1	8	4	3	5
1	3	8	2	5	4	6	7	9
5	6	4	9	7	3	1	2	8
8	4	1	3	6	5	2	9	7
6	9	5	8	2	7	3	4	1
7	2	3	1	4	9	8	5	6
2	5	9	4	8	1	7	6	3
3	1	6	7	9	2	5	8	4
4	8	7	5	3	6	9	1	2

#147

3	2	7	4	1	8	5	6	9
9	6	4	3	2	5	1	7	8
5	1	8	9	6	7	4	3	2
6	3	9	1	4	2	8	5	7
7	5	1	6	8	3	9	2	4
4	8	2	7	5	9	3	1	6
8	7	3	2	9	1	6	4	5
1	4	5	8	7	6	2	9	3
2	9	6	5	3	4	7	8	1

#148

5	1	4	3	6	8	7	9	2
9	3	7	1	2	5	6	8	4
6	8	2	4	9	7	3	5	1
1	7	8	6	5	3	2	4	9
2	9	6	8	7	4	1	3	5
3	4	5	9	1	2	8	7	6
7	5	1	2	3	9	4	6	8
8	6	9	7	4	1	5	2	3
4	2	3	5	8	6	9	1	7

#149

3	2	6	1	9	4	8	7	5
8	5	7	6	3	2	9	4	1
1	9	4	7	5	8	2	3	6
4	1	9	3	2	7	5	6	8
2	6	5	8	4	9	7	1	3
7	3	8	5	6	1	4	9	2
9	4	1	2	8	6	3	5	7
6	8	3	4	7	5	1	2	9
5	7	2	9	1	3	6	8	4

#150

7	5	4	2	6	8	1	3	9
1	2	9	4	7	3	8	6	5
6	8	3	9	1	5	4	2	7
2	9	6	5	8	4	7	1	3
3	1	8	6	9	7	5	4	2
5	4	7	1	3	2	9	8	6
8	3	2	7	5	1	6	9	4
4	6	5	8	2	9	3	7	1
9	7	1	3	4	6	2	5	8

#151

4	5	2	3	8	6	1	7	9
9	8	1	7	4	5	3	2	6
7	6	3	2	1	9	5	4	8
3	4	7	8	6	1	9	5	2
5	1	8	9	3	2	7	6	4
6	2	9	4	5	7	8	1	3
8	7	5	6	2	3	4	9	1
1	3	6	5	9	4	2	8	7
2	9	4	1	7	8	6	3	5

#152

9	8	2	4	7	3	1	6	5
7	3	5	6	8	1	4	9	2
6	4	1	5	9	2	3	7	8
4	7	3	2	1	5	6	8	9
8	1	6	9	3	7	5	2	4
2	5	9	8	4	6	7	1	3
1	9	4	7	5	8	2	3	6
3	6	8	1	2	4	9	5	7
5	2	7	3	6	9	8	4	1

#153

1	5	3	8	6	4	2	7	9
9	7	2	3	5	1	6	4	8
8	6	4	2	9	7	5	3	1
2	3	5	7	1	8	4	9	6
7	9	1	6	4	5	8	2	3
4	8	6	9	3	2	7	1	5
5	4	9	1	2	6	3	8	7
6	1	7	4	8	3	9	5	2
3	2	8	5	7	9	1	6	4

#154

9	3	7	6	1	2	8	4	5
2	4	1	8	5	3	7	6	9
8	6	5	7	4	9	1	3	2
1	9	6	4	3	5	2	8	7
3	2	4	1	8	7	5	9	6
5	7	8	9	2	6	3	1	4
7	1	2	3	6	4	9	5	8
6	8	9	5	7	1	4	2	3
4	5	3	2	9	8	6	7	1

#155

2	8	1	6	3	7	5	4	9
9	3	4	1	5	2	6	7	8
6	7	5	9	4	8	3	2	1
3	5	8	7	9	6	4	1	2
7	4	2	8	1	3	9	6	5
1	6	9	4	2	5	7	8	3
4	9	6	3	8	1	2	5	7
8	2	3	5	7	4	1	9	6
5	1	7	2	6	9	8	3	4

#156

7	5	9	4	3	8	1	6	2
8	2	3	5	6	1	9	7	4
4	1	6	2	9	7	8	5	3
2	3	5	1	8	6	7	4	9
1	4	7	3	5	9	6	2	8
9	6	8	7	2	4	3	1	5
3	9	4	6	7	2	5	8	1
5	7	2	8	1	3	4	9	6
6	8	1	9	4	5	2	3	7

#157

5	2	9	7	1	8	6	3	4
1	3	6	4	2	9	5	7	8
4	7	8	6	3	5	9	1	2
9	4	1	3	7	6	8	2	5
2	8	3	9	5	4	7	6	1
6	5	7	1	8	2	3	4	9
7	1	4	5	9	3	2	8	6
3	9	2	8	6	1	4	5	7
8	6	5	2	4	7	1	9	3

#158

2	5	4	9	7	1	8	6	3
8	9	1	6	5	3	4	2	7
6	3	7	2	4	8	5	9	1
4	8	6	5	3	7	9	1	2
1	2	5	8	6	9	3	7	4
3	7	9	1	2	4	6	5	8
7	4	2	3	9	5	1	8	6
5	6	8	4	1	2	7	3	9
9	1	3	7	8	6	2	4	5

#159

7	3	4	5	8	1	6	9	2
2	6	1	3	7	9	5	4	8
9	5	8	2	6	4	1	3	7
6	4	3	7	1	8	9	2	5
8	2	9	4	5	3	7	6	1
5	1	7	6	9	2	3	8	4
3	8	6	1	4	7	2	5	9
1	9	2	8	3	5	4	7	6
4	7	5	9	2	6	8	1	3

#160

3	9	5	1	8	6	2	4	7
1	8	6	7	4	2	5	9	3
7	2	4	5	3	9	1	8	6
9	4	8	3	2	7	6	1	5
2	5	1	6	9	4	7	3	8
6	7	3	8	5	1	4	2	9
8	1	2	9	7	5	3	6	4
5	6	9	4	1	3	8	7	2
4	3	7	2	6	8	9	5	1

#161

1	8	6	9	3	7	5	2	4
5	9	7	1	2	4	6	8	3
3	2	4	5	8	6	7	9	1
8	5	1	3	7	2	4	6	9
4	7	3	8	6	9	1	5	2
9	6	2	4	5	1	3	7	8
6	3	9	7	4	8	2	1	5
7	4	8	2	1	5	9	3	6
2	1	5	6	9	3	8	4	7

#162

1	3	6	9	8	5	4	7	2
5	7	8	2	6	4	3	9	1
9	2	4	1	3	7	8	6	5
6	1	9	3	7	8	2	5	4
7	4	3	5	2	6	9	1	8
8	5	2	4	9	1	7	3	6
3	9	1	6	4	2	5	8	7
2	8	5	7	1	3	6	4	9
4	6	7	8	5	9	1	2	3

#163

2	4	7	8	5	6	3	9	1
3	5	8	1	4	9	2	6	7
6	9	1	2	7	3	5	8	4
1	3	9	6	2	5	7	4	8
4	8	5	7	3	1	9	2	6
7	6	2	9	8	4	1	3	5
9	7	4	3	1	8	6	5	2
5	1	6	4	9	2	8	7	3
8	2	3	5	6	7	4	1	9

#164

4	8	9	2	3	1	5	6	7
3	5	7	6	8	4	2	9	1
6	1	2	9	7	5	3	4	8
1	3	6	5	4	8	9	7	2
2	4	5	1	9	7	6	8	3
9	7	8	3	6	2	4	1	5
5	2	4	7	1	6	8	3	9
7	6	3	8	2	9	1	5	4
8	9	1	4	5	3	7	2	6

#165

9	1	7	6	5	3	4	8	2
6	2	4	9	7	8	3	1	5
5	8	3	4	1	2	7	9	6
3	4	2	8	9	6	5	7	1
1	6	5	3	2	7	8	4	9
7	9	8	5	4	1	2	6	3
2	3	9	7	6	4	1	5	8
4	5	1	2	8	9	6	3	7
8	7	6	1	3	5	9	2	4

#166

1	6	8	5	2	4	9	3	7
7	4	2	1	9	3	6	5	8
5	9	3	8	6	7	4	1	2
4	5	9	7	8	1	3	2	6
3	8	6	2	5	9	1	7	4
2	7	1	4	3	6	5	8	9
8	1	4	6	7	5	2	9	3
9	2	5	3	4	8	7	6	1
6	3	7	9	1	2	8	4	5

#167

2	4	9	3	1	7	8	6	5
5	3	7	2	6	8	9	1	4
1	6	8	4	5	9	3	2	7
9	8	6	7	2	1	5	4	3
7	5	4	8	3	6	1	9	2
3	2	1	5	9	4	7	8	6
8	7	5	1	4	2	6	3	9
4	9	3	6	8	5	2	7	1
6	1	2	9	7	3	4	5	8

#168

4	6	8	1	3	2	9	7	5
2	7	1	5	4	9	6	8	3
3	5	9	6	8	7	1	2	4
1	9	5	3	2	8	4	6	7
6	2	4	9	7	1	3	5	8
7	8	3	4	5	6	2	1	9
9	4	2	7	6	5	8	3	1
5	3	6	8	1	4	7	9	2
8	1	7	2	9	3	5	4	6

#169

4	8	6	1	5	7	3	2	9
2	1	3	8	4	9	7	5	6
9	5	7	3	2	6	1	4	8
3	6	2	4	1	8	5	9	7
1	7	8	5	9	3	2	6	4
5	9	4	7	6	2	8	3	1
6	2	1	9	8	5	4	7	3
7	4	9	2	3	1	6	8	5
8	3	5	6	7	4	9	1	2

#170

7	1	5	8	6	3	4	9	2
3	4	9	2	7	5	1	8	6
6	8	2	1	4	9	5	7	3
8	9	4	3	2	6	7	5	1
1	6	7	9	5	8	3	2	4
5	2	3	7	1	4	8	6	9
9	7	8	6	3	1	2	4	5
2	5	1	4	9	7	6	3	8
4	3	6	5	8	2	9	1	7

#171

3	2	6	8	5	9	4	1	7
4	1	9	3	6	7	8	2	5
7	5	8	4	2	1	3	6	9
1	3	5	7	9	2	6	4	8
8	7	4	1	3	6	5	9	2
9	6	2	5	4	8	1	7	3
6	4	7	2	8	3	9	5	1
5	8	1	9	7	4	2	3	6
2	9	3	6	1	5	7	8	4

#172

5	9	1	4	8	6	3	7	2
4	7	6	2	1	3	9	5	8
3	8	2	7	9	5	6	4	1
2	1	9	6	7	4	8	3	5
7	3	8	1	5	9	2	6	4
6	5	4	3	2	8	1	9	7
9	2	3	8	4	7	5	1	6
1	4	5	9	6	2	7	8	3
8	6	7	5	3	1	4	2	9

#173

4	7	1	2	3	6	9	5	8
5	8	3	4	9	1	7	6	2
6	9	2	7	8	5	1	3	4
7	4	6	1	5	9	8	2	3
1	5	8	6	2	3	4	7	9
3	2	9	8	7	4	5	1	6
2	3	4	9	1	7	6	8	5
9	1	5	3	6	8	2	4	7
8	6	7	5	4	2	3	9	1

#174

3	4	1	7	6	8	9	2	5
2	9	5	1	3	4	6	8	7
8	6	7	9	5	2	1	4	3
7	2	4	6	1	9	3	5	8
5	1	8	2	4	3	7	9	6
6	3	9	8	7	5	4	1	2
4	5	2	3	9	6	8	7	1
9	7	6	5	8	1	2	3	4
1	8	3	4	2	7	5	6	9

#175

5	7	4	8	1	6	3	2	9
9	6	1	3	7	2	5	4	8
8	3	2	9	4	5	6	7	1
7	5	9	4	2	3	1	8	6
3	1	8	5	6	7	4	9	2
4	2	6	1	9	8	7	5	3
1	4	5	6	8	9	2	3	7
2	8	3	7	5	1	9	6	4
6	9	7	2	3	4	8	1	5

#176

2	8	5	4	9	7	6	3	1
6	3	7	5	8	1	2	4	9
9	4	1	6	3	2	5	7	8
3	9	4	1	2	5	7	8	6
1	5	2	8	7	6	4	9	3
7	6	8	9	4	3	1	5	2
4	1	9	7	6	8	3	2	5
5	7	3	2	1	9	8	6	4
8	2	6	3	5	4	9	1	7

#177

9	7	8	2	6	1	5	3	4
1	2	5	9	4	3	8	7	6
6	4	3	8	7	5	1	2	9
7	8	1	3	2	6	4	9	5
4	6	9	5	1	7	3	8	2
5	3	2	4	8	9	7	6	1
3	5	6	1	9	8	2	4	7
2	1	7	6	3	4	9	5	8
8	9	4	7	5	2	6	1	3

#178

3	2	5	9	7	4	1	8	6
8	6	4	5	1	2	9	7	3
7	9	1	3	8	6	2	4	5
2	7	9	1	6	3	4	5	8
4	5	3	2	9	8	6	1	7
6	1	8	4	5	7	3	2	9
9	3	7	8	2	1	5	6	4
5	8	2	6	4	9	7	3	1
1	4	6	7	3	5	8	9	2

#179

3	6	7	1	8	2	4	9	5
5	8	4	3	9	7	6	2	1
2	1	9	5	4	6	7	8	3
8	4	3	7	2	1	5	6	9
7	2	6	4	5	9	1	3	8
9	5	1	6	3	8	2	4	7
1	7	2	9	6	3	8	5	4
4	9	8	2	1	5	3	7	6
6	3	5	8	7	4	9	1	2

#180

4	6	2	3	5	9	7	1	8
5	8	9	7	4	1	6	2	3
7	1	3	8	6	2	9	4	5
3	5	7	1	2	6	8	9	4
8	4	1	5	9	7	2	3	6
9	2	6	4	8	3	1	5	7
6	3	5	2	1	8	4	7	9
2	9	4	6	7	5	3	8	1
1	7	8	9	3	4	5	6	2

#181

5	3	7	2	1	9	8	4	6
6	9	8	7	4	3	5	1	2
4	2	1	8	6	5	3	9	7
8	6	9	1	7	4	2	5	3
2	4	3	6	5	8	1	7	9
7	1	5	3	9	2	6	8	4
9	5	2	4	8	6	7	3	1
3	7	4	5	2	1	9	6	8
1	8	6	9	3	7	4	2	5

#184

9	6	3	7	8	4	1	2	5
8	7	5	2	1	3	4	9	6
2	4	1	9	5	6	8	3	7
4	2	6	8	3	1	7	5	9
5	8	9	4	2	7	6	1	3
3	1	7	6	9	5	2	4	8
1	3	8	5	7	2	9	6	4
7	5	4	1	6	9	3	8	2
6	9	2	3	4	8	5	7	1

#182

4	8	5	9	3	1	6	7	2
7	6	2	4	8	5	9	3	1
3	9	1	7	2	6	4	8	5
6	3	8	5	4	2	7	1	9
2	7	4	3	1	9	5	6	8
1	5	9	8	6	7	2	4	3
8	4	7	2	9	3	1	5	6
9	1	3	6	5	4	8	2	7
5	2	6	1	7	8	3	9	4

#185

3	4	9	6	7	1	5	2	8
7	2	8	5	4	9	6	3	1
5	1	6	2	8	3	7	9	4
4	9	3	1	5	8	2	7	6
2	7	1	4	9	6	3	8	5
6	8	5	3	2	7	4	1	9
9	5	7	8	6	2	1	4	3
1	6	2	9	3	4	8	5	7
8	3	4	7	1	5	9	6	2

#183

1	5	4	3	7	2	8	9	6
7	8	3	6	4	9	5	1	2
6	9	2	1	5	8	7	3	4
4	3	9	5	8	7	6	2	1
5	6	8	4	2	1	9	7	3
2	1	7	9	3	6	4	5	8
3	7	1	8	6	5	2	4	9
9	2	6	7	1	4	3	8	5
8	4	5	2	9	3	1	6	7

#186

5	3	7	6	2	4	8	1	9
1	8	6	5	7	9	3	4	2
2	9	4	1	3	8	7	6	5
8	7	1	3	6	5	2	9	4
3	4	2	9	8	1	6	5	7
6	5	9	7	4	2	1	8	3
4	2	3	8	9	6	5	7	1
9	6	5	2	1	7	4	3	8
7	1	8	4	5	3	9	2	6

#187

7	6	4	2	5	1	8	9	3
1	3	9	7	8	4	5	2	6
2	5	8	3	9	6	4	1	7
5	9	7	4	1	3	6	8	2
3	4	6	8	2	9	7	5	1
8	2	1	6	7	5	9	3	4
4	7	5	1	3	8	2	6	9
6	8	3	9	4	2	1	7	5
9	1	2	5	6	7	3	4	8

#188

6	2	7	9	8	3	1	4	5
4	3	5	2	6	1	8	7	9
9	1	8	7	4	5	6	3	2
2	8	6	4	1	9	7	5	3
5	9	3	8	2	7	4	1	6
1	7	4	5	3	6	9	2	8
8	6	2	3	7	4	5	9	1
3	4	9	1	5	8	2	6	7
7	5	1	6	9	2	3	8	4

#189

2	6	8	5	3	7	9	1	4
3	5	4	9	8	1	6	2	7
9	7	1	2	6	4	8	3	5
6	8	5	3	7	2	4	9	1
1	9	2	4	5	6	7	8	3
4	3	7	8	1	9	2	5	6
5	2	3	6	4	8	1	7	9
8	1	6	7	9	5	3	4	2
7	4	9	1	2	3	5	6	8

#190

9	8	3	4	1	7	5	2	6
6	1	5	2	9	8	3	4	7
2	7	4	5	6	3	9	8	1
3	2	1	6	8	9	7	5	4
4	9	8	3	7	5	6	1	2
5	6	7	1	4	2	8	9	3
8	3	6	9	2	1	4	7	5
7	4	2	8	5	6	1	3	9
1	5	9	7	3	4	2	6	8

#191

6	8	2	4	9	3	7	5	1
4	3	9	7	1	5	8	6	2
5	1	7	8	2	6	9	3	4
8	5	1	3	6	9	4	2	7
9	4	3	5	7	2	6	1	8
7	2	6	1	8	4	5	9	3
2	9	4	6	3	7	1	8	5
1	6	5	2	4	8	3	7	9
3	7	8	9	5	1	2	4	6

#192

1	3	8	7	9	4	5	6	2
6	2	4	5	3	1	9	8	7
7	9	5	6	2	8	3	4	1
2	6	7	3	8	9	1	5	4
3	8	9	4	1	5	2	7	6
5	4	1	2	6	7	8	3	9
8	1	6	9	4	3	7	2	5
9	7	2	8	5	6	4	1	3
4	5	3	1	7	2	6	9	8

#193

6	3	4	5	2	7	8	9	1
1	2	8	3	4	9	7	6	5
5	7	9	6	8	1	4	3	2
3	4	1	8	7	6	2	5	9
8	9	6	2	5	4	3	1	7
7	5	2	9	1	3	6	8	4
4	8	7	1	3	5	9	2	6
9	1	3	4	6	2	5	7	8
2	6	5	7	9	8	1	4	3

#194

1	6	7	4	8	5	3	2	9
9	4	5	7	2	3	8	1	6
3	2	8	6	9	1	7	5	4
2	3	1	9	7	6	5	4	8
6	8	9	2	5	4	1	7	3
7	5	4	3	1	8	9	6	2
8	7	3	5	6	2	4	9	1
4	9	6	1	3	7	2	8	5
5	1	2	8	4	9	6	3	7

#195

8	7	5	1	6	4	9	2	3
2	9	1	8	5	3	4	7	6
6	4	3	2	7	9	5	1	8
1	8	2	7	4	5	6	3	9
7	6	9	3	2	8	1	4	5
3	5	4	9	1	6	2	8	7
9	2	8	6	3	1	7	5	4
4	3	7	5	9	2	8	6	1
5	1	6	4	8	7	3	9	2

#196

3	6	1	4	5	9	8	2	7
9	5	8	6	2	7	1	3	4
7	2	4	3	1	8	9	5	6
2	8	3	5	4	1	7	6	9
1	9	6	7	8	3	2	4	5
4	7	5	2	9	6	3	1	8
8	4	7	1	6	2	5	9	3
6	3	2	9	7	5	4	8	1
5	1	9	8	3	4	6	7	2

#197

8	2	7	5	3	6	1	9	4
9	5	1	7	4	2	3	8	6
4	3	6	9	1	8	7	2	5
6	9	4	1	8	7	5	3	2
3	1	8	6	2	5	9	4	7
2	7	5	3	9	4	8	6	1
1	4	3	2	7	9	6	5	8
5	8	9	4	6	1	2	7	3
7	6	2	8	5	3	4	1	9

#198

1	7	6	8	3	2	5	4	9
8	9	4	1	5	7	2	3	6
5	2	3	9	4	6	7	1	8
6	5	8	2	9	1	4	7	3
3	4	2	7	6	5	9	8	1
9	1	7	3	8	4	6	5	2
2	3	1	5	7	9	8	6	4
4	8	5	6	2	3	1	9	7
7	6	9	4	1	8	3	2	5

#199

2	1	9	5	3	6	8	4	7
8	4	6	7	9	2	1	5	3
5	7	3	4	1	8	6	2	9
1	8	5	6	4	9	7	3	2
3	9	4	8	2	7	5	6	1
7	6	2	1	5	3	9	8	4
9	3	8	2	6	1	4	7	5
6	5	1	3	7	4	2	9	8
4	2	7	9	8	5	3	1	6

#200

8	3	2	6	5	1	4	9	7
6	4	7	8	2	9	5	3	1
1	9	5	7	4	3	8	2	6
4	2	6	9	8	5	7	1	3
3	8	1	2	6	7	9	5	4
7	5	9	1	3	4	6	8	2
5	1	3	4	7	8	2	6	9
2	7	8	3	9	6	1	4	5
9	6	4	5	1	2	3	7	8

#201

3	9	8	4	7	6	2	5	1
4	1	6	8	2	5	7	3	9
7	2	5	1	9	3	8	6	4
9	5	2	7	8	4	3	1	6
8	3	7	5	6	1	9	4	2
1	6	4	2	3	9	5	8	7
6	8	3	9	4	2	1	7	5
5	7	9	6	1	8	4	2	3
2	4	1	3	5	7	6	9	8

#202

8	7	4	1	3	5	9	6	2
9	3	6	7	4	2	1	8	5
1	2	5	6	8	9	3	4	7
6	4	1	9	7	3	2	5	8
7	5	3	4	2	8	6	9	1
2	9	8	5	6	1	7	3	4
4	6	9	2	5	7	8	1	3
3	1	7	8	9	4	5	2	6
5	8	2	3	1	6	4	7	9

#203

5	4	7	2	6	1	3	8	9
9	3	2	8	7	4	6	1	5
1	8	6	3	5	9	4	7	2
7	2	9	6	1	8	5	3	4
4	5	8	9	2	3	1	6	7
3	6	1	5	4	7	9	2	8
6	9	3	4	8	2	7	5	1
2	7	5	1	9	6	8	4	3
8	1	4	7	3	5	2	9	6

#204

7	1	6	3	8	9	5	4	2
8	4	3	5	6	2	9	1	7
5	2	9	7	1	4	3	8	6
1	6	7	8	2	3	4	9	5
3	8	5	4	9	7	2	6	1
4	9	2	1	5	6	8	7	3
6	3	8	9	7	5	1	2	4
2	5	1	6	4	8	7	3	9
9	7	4	2	3	1	6	5	8

#205

5	4	6	3	1	2	8	7	9
1	9	7	5	8	4	3	6	2
8	2	3	7	6	9	4	5	1
4	8	1	2	9	5	7	3	6
7	5	9	8	3	6	2	1	4
6	3	2	1	4	7	5	9	8
9	6	5	4	7	8	1	2	3
3	7	4	9	2	1	6	8	5
2	1	8	6	5	3	9	4	7

#206

2	8	7	4	3	9	5	6	1
9	5	3	1	6	2	4	8	7
6	1	4	5	8	7	2	3	9
7	2	8	6	4	1	9	5	3
5	9	1	2	7	3	8	4	6
3	4	6	8	9	5	1	7	2
8	7	2	9	5	6	3	1	4
4	6	9	3	1	8	7	2	5
1	3	5	7	2	4	6	9	8

#207

3	2	7	4	8	6	9	1	5
4	1	8	2	9	5	6	7	3
5	6	9	7	1	3	4	8	2
9	5	2	8	4	1	3	6	7
1	8	4	6	3	7	5	2	9
6	7	3	5	2	9	8	4	1
7	9	1	3	6	8	2	5	4
2	3	6	1	5	4	7	9	8
8	4	5	9	7	2	1	3	6

#208

9	3	1	5	6	8	7	2	4
2	7	6	1	4	3	5	8	9
5	8	4	7	9	2	6	3	1
1	9	5	6	2	7	3	4	8
4	2	7	3	8	9	1	5	6
8	6	3	4	5	1	9	7	2
7	1	8	9	3	4	2	6	5
3	5	2	8	1	6	4	9	7
6	4	9	2	7	5	8	1	3

#209

2	5	8	1	4	6	3	7	9
1	7	4	9	2	3	5	6	8
9	6	3	5	7	8	4	2	1
4	9	5	8	6	7	2	1	3
3	2	1	4	5	9	6	8	7
6	8	7	3	1	2	9	5	4
7	1	6	2	3	4	8	9	5
5	4	9	6	8	1	7	3	2
8	3	2	7	9	5	1	4	6

#210

8	7	3	4	1	5	9	6	2
9	5	1	3	6	2	4	7	8
4	2	6	9	8	7	3	1	5
5	6	8	2	4	3	1	9	7
1	4	7	6	5	9	2	8	3
3	9	2	1	7	8	5	4	6
6	8	4	5	3	1	7	2	9
2	1	5	7	9	6	8	3	4
7	3	9	8	2	4	6	5	1

#211

7	1	2	4	9	8	3	6	5
5	6	4	3	2	7	8	1	9
9	3	8	1	6	5	2	4	7
2	9	7	8	1	6	4	5	3
1	8	3	9	5	4	6	7	2
6	4	5	2	7	3	1	9	8
4	7	6	5	8	2	9	3	1
8	5	1	6	3	9	7	2	4
3	2	9	7	4	1	5	8	6

#212

7	4	3	2	8	9	5	1	6
8	1	6	5	3	7	9	2	4
9	2	5	6	1	4	3	8	7
4	9	1	7	2	3	8	6	5
5	8	2	1	9	6	4	7	3
6	3	7	4	5	8	1	9	2
2	5	8	3	7	1	6	4	9
3	6	9	8	4	2	7	5	1
1	7	4	9	6	5	2	3	8

#213

3	7	6	8	1	4	2	5	9
1	4	2	3	9	5	7	6	8
8	5	9	2	7	6	3	4	1
6	3	8	1	4	7	5	9	2
7	1	5	9	2	3	4	8	6
9	2	4	6	5	8	1	7	3
2	9	7	5	8	1	6	3	4
4	6	1	7	3	9	8	2	5
5	8	3	4	6	2	9	1	7

#214

4	1	9	5	2	3	6	8	7
5	6	2	8	1	7	9	4	3
8	7	3	6	4	9	2	1	5
7	8	6	2	9	1	5	3	4
2	9	1	3	5	4	7	6	8
3	4	5	7	6	8	1	9	2
1	5	4	9	3	2	8	7	6
9	2	7	4	8	6	3	5	1
6	3	8	1	7	5	4	2	9

#215

7	2	1	9	6	8	3	4	5
9	4	6	1	3	5	7	8	2
5	3	8	4	2	7	9	1	6
4	5	9	3	7	2	1	6	8
8	7	2	5	1	6	4	3	9
1	6	3	8	4	9	2	5	7
6	9	4	2	5	1	8	7	3
3	8	7	6	9	4	5	2	1
2	1	5	7	8	3	6	9	4

#216

8	6	3	7	5	4	2	1	9
4	2	1	6	9	3	7	8	5
7	9	5	1	8	2	6	4	3
6	4	9	8	7	1	5	3	2
1	5	7	3	2	9	4	6	8
2	3	8	5	4	6	9	7	1
5	7	4	2	1	8	3	9	6
9	1	6	4	3	5	8	2	7
3	8	2	9	6	7	1	5	4

#217

3	8	7	5	1	4	6	2	9
2	1	6	9	7	3	5	4	8
5	4	9	2	6	8	3	1	7
7	9	2	8	4	6	1	3	5
6	5	4	3	9	1	8	7	2
8	3	1	7	2	5	4	9	6
4	7	5	6	3	2	9	8	1
1	2	8	4	5	9	7	6	3
9	6	3	1	8	7	2	5	4

#218

8	9	3	6	7	1	2	5	4
6	2	7	3	5	4	9	1	8
4	1	5	2	9	8	3	7	6
1	8	2	7	4	5	6	9	3
7	6	9	8	1	3	5	4	2
3	5	4	9	2	6	1	8	7
5	7	1	4	6	2	8	3	9
9	3	6	1	8	7	4	2	5
2	4	8	5	3	9	7	6	1

#219

2	1	6	3	8	4	5	9	7
5	3	7	6	9	2	1	4	8
9	4	8	7	5	1	3	6	2
8	9	3	1	2	7	4	5	6
6	7	1	9	4	5	8	2	3
4	5	2	8	3	6	7	1	9
1	8	4	2	7	9	6	3	5
3	6	9	5	1	8	2	7	4
7	2	5	4	6	3	9	8	1

#220

9	4	8	2	7	5	3	1	6
5	2	3	6	1	9	4	8	7
6	7	1	4	8	3	9	5	2
2	1	5	7	4	8	6	9	3
3	9	7	5	2	6	8	4	1
8	6	4	3	9	1	2	7	5
1	5	6	9	3	4	7	2	8
7	8	9	1	6	2	5	3	4
4	3	2	8	5	7	1	6	9

#221

4	6	3	5	2	7	9	1	8
1	9	2	3	4	8	6	5	7
8	7	5	1	6	9	2	3	4
6	5	7	2	3	1	4	8	9
9	3	8	4	7	6	1	2	5
2	1	4	9	8	5	3	7	6
5	4	6	8	1	2	7	9	3
7	8	1	6	9	3	5	4	2
3	2	9	7	5	4	8	6	1

#222

5	7	1	4	9	6	3	2	8
6	3	2	1	5	8	9	7	4
8	4	9	7	3	2	1	6	5
1	8	4	6	7	3	5	9	2
3	5	7	8	2	9	4	1	6
2	9	6	5	4	1	8	3	7
7	2	8	3	1	4	6	5	9
9	6	3	2	8	5	7	4	1
4	1	5	9	6	7	2	8	3

#223

2	1	3	5	6	4	9	8	7
9	7	6	3	1	8	5	2	4
4	5	8	9	2	7	6	3	1
8	3	9	6	5	1	4	7	2
7	2	5	8	4	3	1	6	9
6	4	1	7	9	2	3	5	8
1	6	2	4	8	5	7	9	3
3	9	4	2	7	6	8	1	5
5	8	7	1	3	9	2	4	6

#224

6	3	1	7	2	4	8	5	9
2	7	5	9	6	8	3	4	1
4	8	9	3	1	5	2	6	7
7	9	3	2	8	6	5	1	4
8	6	4	1	5	7	9	3	2
1	5	2	4	3	9	7	8	6
5	1	6	8	7	2	4	9	3
3	4	7	5	9	1	6	2	8
9	2	8	6	4	3	1	7	5

#225

8	2	1	9	4	5	6	7	3
3	6	5	8	2	7	4	1	9
7	4	9	3	6	1	2	5	8
6	9	7	4	1	2	8	3	5
1	5	4	7	3	8	9	6	2
2	3	8	5	9	6	7	4	1
5	7	6	1	8	9	3	2	4
4	8	2	6	5	3	1	9	7
9	1	3	2	7	4	5	8	6

#226

6	7	9	4	3	8	2	1	5
3	4	2	1	6	5	9	7	8
5	8	1	2	7	9	3	6	4
8	6	5	7	1	2	4	9	3
2	9	4	6	5	3	7	8	1
7	1	3	9	8	4	5	2	6
9	2	8	5	4	6	1	3	7
1	5	6	3	2	7	8	4	9
4	3	7	8	9	1	6	5	2

#227

3	5	1	8	7	9	2	6	4
2	6	8	3	1	4	7	5	9
9	4	7	5	2	6	8	3	1
5	1	3	4	6	7	9	2	8
6	2	9	1	3	8	5	4	7
7	8	4	2	9	5	6	1	3
8	7	2	6	4	1	3	9	5
1	3	5	9	8	2	4	7	6
4	9	6	7	5	3	1	8	2

#228

8	6	7	2	4	3	1	9	5
4	3	1	5	7	9	2	8	6
5	9	2	1	8	6	4	3	7
7	5	6	4	3	2	9	1	8
2	4	8	7	9	1	6	5	3
9	1	3	8	6	5	7	4	2
3	2	4	9	5	7	8	6	1
6	7	9	3	1	8	5	2	4
1	8	5	6	2	4	3	7	9

#229

1	6	7	4	3	9	5	8	2
2	3	4	6	5	8	1	7	9
8	5	9	1	7	2	4	3	6
9	4	3	8	1	5	6	2	7
6	2	1	9	4	7	3	5	8
7	8	5	2	6	3	9	4	1
4	9	8	5	2	6	7	1	3
3	1	2	7	9	4	8	6	5
5	7	6	3	8	1	2	9	4

#230

7	8	1	4	6	2	3	9	5
2	5	4	9	7	3	1	8	6
9	3	6	1	8	5	4	7	2
8	2	7	5	1	4	9	6	3
6	4	3	7	2	9	5	1	8
1	9	5	8	3	6	2	4	7
3	6	9	2	4	8	7	5	1
4	1	2	6	5	7	8	3	9
5	7	8	3	9	1	6	2	4

#231

2	5	8	1	3	9	7	6	4
7	4	1	2	6	5	3	8	9
9	6	3	4	8	7	5	2	1
6	9	5	7	1	3	8	4	2
1	2	4	9	5	8	6	3	7
3	8	7	6	4	2	9	1	5
5	7	6	8	2	4	1	9	3
8	3	2	5	9	1	4	7	6
4	1	9	3	7	6	2	5	8

#232

4	8	5	1	7	9	2	3	6
2	9	3	4	8	6	7	5	1
6	7	1	2	5	3	9	8	4
9	4	7	6	3	1	5	2	8
3	1	2	5	9	8	4	6	7
8	5	6	7	2	4	3	1	9
1	3	8	9	4	2	6	7	5
7	2	9	8	6	5	1	4	3
5	6	4	3	1	7	8	9	2

#233

3	6	8	7	5	1	4	9	2
9	7	5	4	8	2	1	3	6
2	1	4	3	6	9	7	5	8
6	8	9	2	1	5	3	7	4
7	5	1	6	3	4	2	8	9
4	2	3	8	9	7	5	6	1
1	4	6	9	7	3	8	2	5
5	9	7	1	2	8	6	4	3
8	3	2	5	4	6	9	1	7

#234

3	8	2	4	5	1	6	9	7
9	4	7	6	2	8	1	5	3
5	1	6	7	9	3	2	4	8
6	9	4	8	3	7	5	1	2
8	3	5	9	1	2	7	6	4
2	7	1	5	6	4	3	8	9
4	2	3	1	8	5	9	7	6
7	5	9	3	4	6	8	2	1
1	6	8	2	7	9	4	3	5

#235

2	5	9	4	1	7	6	3	8
6	3	8	9	5	2	7	1	4
1	4	7	6	8	3	9	5	2
4	7	1	2	3	6	8	9	5
9	6	5	1	7	8	4	2	3
3	8	2	5	9	4	1	7	6
5	9	3	8	4	1	2	6	7
8	1	6	7	2	5	3	4	9
7	2	4	3	6	9	5	8	1

#236

6	3	8	4	5	2	9	7	1
1	7	4	8	9	3	2	5	6
9	5	2	7	6	1	4	3	8
5	8	9	1	7	6	3	4	2
3	4	6	5	2	8	7	1	9
7	2	1	3	4	9	6	8	5
8	9	5	2	3	7	1	6	4
4	6	7	9	1	5	8	2	3
2	1	3	6	8	4	5	9	7

#237

7	3	6	1	5	4	9	8	2
1	8	5	9	3	2	6	4	7
4	2	9	7	8	6	1	5	3
3	4	7	2	6	8	5	1	9
8	6	1	5	9	7	2	3	4
5	9	2	4	1	3	8	7	6
2	7	8	6	4	5	3	9	1
6	1	3	8	7	9	4	2	5
9	5	4	3	2	1	7	6	8

#238

4	7	9	8	6	2	1	5	3
2	5	1	3	9	4	7	6	8
8	3	6	1	5	7	9	4	2
3	1	5	6	7	8	2	9	4
7	2	4	9	1	5	3	8	6
6	9	8	2	4	3	5	1	7
1	6	3	4	2	9	8	7	5
5	4	2	7	8	1	6	3	9
9	8	7	5	3	6	4	2	1

#239

7	2	9	3	5	4	1	6	8
1	6	4	8	7	2	9	5	3
8	3	5	6	1	9	7	4	2
2	4	8	7	6	1	3	9	5
6	9	7	2	3	5	8	1	4
5	1	3	9	4	8	2	7	6
4	7	1	5	8	3	6	2	9
9	8	6	4	2	7	5	3	1
3	5	2	1	9	6	4	8	7

#240

6	8	2	7	5	4	9	1	3
9	3	1	2	6	8	4	7	5
7	5	4	3	1	9	6	2	8
3	6	5	8	7	2	1	4	9
4	7	9	6	3	1	5	8	2
1	2	8	9	4	5	7	3	6
2	4	3	5	9	7	8	6	1
5	1	6	4	8	3	2	9	7
8	9	7	1	2	6	3	5	4

#241

1	6	5	3	2	4	8	9	7
8	4	2	9	7	6	5	1	3
7	3	9	8	5	1	4	6	2
5	7	3	4	9	8	6	2	1
6	1	4	7	3	2	9	8	5
2	9	8	1	6	5	3	7	4
9	5	1	6	4	7	2	3	8
3	2	7	5	8	9	1	4	6
4	8	6	2	1	3	7	5	9

#242

7	6	9	8	2	1	5	3	4
2	5	8	7	3	4	6	9	1
3	4	1	6	5	9	2	7	8
5	7	2	4	9	8	1	6	3
9	3	6	2	1	5	8	4	7
1	8	4	3	7	6	9	5	2
8	9	7	1	6	3	4	2	5
4	2	5	9	8	7	3	1	6
6	1	3	5	4	2	7	8	9

#243

3	9	1	7	4	2	5	8	6
5	8	2	1	3	6	9	4	7
7	6	4	8	5	9	1	2	3
9	7	8	2	1	4	6	3	5
1	3	6	9	8	5	4	7	2
2	4	5	6	7	3	8	1	9
4	1	3	5	9	7	2	6	8
8	2	9	3	6	1	7	5	4
6	5	7	4	2	8	3	9	1

#244

6	1	3	7	5	2	8	9	4
5	7	2	4	8	9	1	6	3
4	9	8	1	3	6	7	2	5
2	6	4	5	1	8	3	7	9
3	5	7	6	9	4	2	1	8
9	8	1	2	7	3	5	4	6
8	3	6	9	2	7	4	5	1
1	2	9	8	4	5	6	3	7
7	4	5	3	6	1	9	8	2

#245

2	8	7	9	1	5	3	6	4
5	1	9	6	4	3	2	8	7
3	6	4	7	8	2	1	9	5
7	2	5	3	6	9	4	1	8
1	4	3	2	7	8	9	5	6
6	9	8	4	5	1	7	3	2
4	3	6	8	9	7	5	2	1
9	7	1	5	2	6	8	4	3
8	5	2	1	3	4	6	7	9

#246

8	9	5	1	2	6	7	4	3
1	4	2	7	9	3	8	5	6
3	7	6	5	4	8	1	9	2
2	8	9	4	7	5	6	3	1
7	6	4	9	3	1	2	8	5
5	1	3	8	6	2	4	7	9
4	2	1	3	5	7	9	6	8
9	3	8	6	1	4	5	2	7
6	5	7	2	8	9	3	1	4

#247

9	4	8	6	7	2	5	1	3
3	2	6	1	4	5	8	7	9
1	7	5	9	8	3	2	4	6
2	9	1	8	6	4	7	3	5
5	8	7	3	1	9	4	6	2
6	3	4	2	5	7	1	9	8
7	1	9	5	3	8	6	2	4
4	5	3	7	2	6	9	8	1
8	6	2	4	9	1	3	5	7

#248

9	5	2	1	6	7	4	8	3
8	4	1	3	2	9	5	7	6
3	7	6	4	5	8	2	9	1
6	3	9	8	7	2	1	5	4
2	8	4	6	1	5	9	3	7
5	1	7	9	4	3	8	6	2
7	9	8	2	3	4	6	1	5
4	6	3	5	8	1	7	2	9
1	2	5	7	9	6	3	4	8

#249

4	8	9	6	1	7	3	2	5
6	2	3	4	9	5	1	8	7
1	7	5	3	2	8	6	4	9
9	3	8	5	6	1	4	7	2
7	5	6	9	4	2	8	3	1
2	4	1	8	7	3	9	5	6
3	1	2	7	8	6	5	9	4
5	9	7	1	3	4	2	6	8
8	6	4	2	5	9	7	1	3

#250

5	1	8	4	9	6	7	3	2
4	2	6	7	5	3	9	1	8
9	7	3	8	1	2	4	6	5
8	5	7	6	4	9	1	2	3
2	6	4	1	3	5	8	9	7
3	9	1	2	8	7	5	4	6
1	8	5	3	2	4	6	7	9
7	4	2	9	6	8	3	5	1
6	3	9	5	7	1	2	8	4

#251

9	7	1	4	8	6	2	5	3
3	4	2	1	7	5	9	8	6
6	5	8	9	3	2	7	4	1
1	8	6	3	5	9	4	2	7
4	2	7	8	6	1	5	3	9
5	3	9	2	4	7	1	6	8
8	1	5	6	9	4	3	7	2
2	6	4	7	1	3	8	9	5
7	9	3	5	2	8	6	1	4

#252

2	8	7	9	1	5	4	6	3
1	3	6	4	8	7	9	2	5
9	5	4	2	3	6	1	7	8
6	1	2	7	9	8	3	5	4
7	9	8	3	5	4	2	1	6
5	4	3	6	2	1	8	9	7
4	2	9	5	7	3	6	8	1
3	7	1	8	6	2	5	4	9
8	6	5	1	4	9	7	3	2

#253

2	8	3	9	6	5	4	1	7
5	4	1	2	8	7	6	3	9
9	7	6	3	1	4	8	5	2
8	5	2	7	3	6	9	4	1
6	3	7	1	4	9	2	8	5
1	9	4	8	5	2	7	6	3
4	2	5	6	9	1	3	7	8
3	6	9	5	7	8	1	2	4
7	1	8	4	2	3	5	9	6

#254

6	2	7	8	4	3	5	1	9
1	4	8	9	7	5	6	2	3
3	5	9	1	6	2	8	7	4
4	9	2	7	1	8	3	6	5
8	1	3	5	2	6	9	4	7
7	6	5	4	3	9	1	8	2
2	8	1	3	9	7	4	5	6
9	7	4	6	5	1	2	3	8
5	3	6	2	8	4	7	9	1

#255

3	8	1	9	4	5	6	7	2
9	5	6	1	7	2	3	8	4
2	4	7	6	8	3	1	5	9
1	3	8	4	2	7	5	9	6
4	7	9	8	5	6	2	3	1
6	2	5	3	1	9	7	4	8
7	6	3	2	9	4	8	1	5
8	9	2	5	3	1	4	6	7
5	1	4	7	6	8	9	2	3

#256

7	9	4	5	8	6	2	1	3
8	6	1	7	3	2	9	4	5
5	2	3	4	1	9	8	6	7
3	7	2	1	9	4	5	8	6
1	8	6	3	2	5	4	7	9
9	4	5	8	6	7	3	2	1
2	1	8	6	5	3	7	9	4
6	5	7	9	4	8	1	3	2
4	3	9	2	7	1	6	5	8

#257

2	4	8	5	1	6	3	9	7
5	1	7	3	9	2	4	6	8
6	9	3	8	4	7	1	5	2
9	8	6	1	5	3	7	2	4
4	7	2	6	8	9	5	3	1
3	5	1	7	2	4	6	8	9
1	6	9	4	3	8	2	7	5
7	2	5	9	6	1	8	4	3
8	3	4	2	7	5	9	1	6

#258

6	1	9	7	3	8	4	2	5
7	8	2	4	1	5	9	6	3
4	3	5	6	9	2	7	8	1
8	4	3	2	6	7	5	1	9
9	5	1	8	4	3	2	7	6
2	7	6	1	5	9	8	3	4
3	9	7	5	8	1	6	4	2
1	2	4	9	7	6	3	5	8
5	6	8	3	2	4	1	9	7

#259

5	1	9	4	6	3	2	8	7
4	8	6	2	7	9	5	3	1
2	3	7	8	1	5	6	4	9
7	6	2	3	9	8	4	1	5
8	5	3	7	4	1	9	6	2
9	4	1	5	2	6	8	7	3
3	2	5	1	8	4	7	9	6
6	7	8	9	3	2	1	5	4
1	9	4	6	5	7	3	2	8

#260

1	5	7	6	3	8	9	2	4
8	2	6	4	5	9	7	3	1
3	9	4	2	7	1	8	6	5
6	7	5	8	9	3	1	4	2
2	1	8	5	4	6	3	9	7
4	3	9	7	1	2	6	5	8
5	8	2	9	6	7	4	1	3
9	4	1	3	8	5	2	7	6
7	6	3	1	2	4	5	8	9

#261

8	2	7	9	3	4	1	6	5
1	5	6	7	2	8	4	9	3
4	9	3	5	6	1	7	2	8
6	8	1	2	4	7	3	5	9
7	3	9	8	1	5	2	4	6
2	4	5	3	9	6	8	1	7
3	6	4	1	7	9	5	8	2
9	7	8	4	5	2	6	3	1
5	1	2	6	8	3	9	7	4

#262

5	8	9	1	2	3	4	6	7
4	3	2	6	5	7	8	9	1
6	7	1	4	8	9	3	2	5
9	1	7	2	4	6	5	3	8
3	4	5	9	7	8	2	1	6
8	2	6	3	1	5	9	7	4
2	6	4	8	3	1	7	5	9
7	9	3	5	6	4	1	8	2
1	5	8	7	9	2	6	4	3

#263

3	9	8	6	5	7	1	4	2
1	2	7	9	8	4	5	3	6
5	6	4	3	2	1	9	7	8
4	7	9	2	3	6	8	5	1
2	5	6	4	1	8	3	9	7
8	1	3	5	7	9	2	6	4
6	4	1	8	9	5	7	2	3
9	8	2	7	4	3	6	1	5
7	3	5	1	6	2	4	8	9

#264

2	8	9	5	3	4	6	1	7
4	6	7	2	1	8	9	5	3
3	1	5	7	6	9	8	2	4
6	7	3	8	5	1	2	4	9
8	2	4	6	9	7	5	3	1
9	5	1	3	4	2	7	8	6
1	3	6	9	2	5	4	7	8
5	9	8	4	7	3	1	6	2
7	4	2	1	8	6	3	9	5

#265

4	1	5	3	8	2	7	9	6
3	9	7	5	6	4	1	2	8
6	2	8	7	9	1	3	4	5
5	8	9	6	7	3	2	1	4
2	6	1	9	4	8	5	7	3
7	3	4	1	2	5	8	6	9
8	4	3	2	1	9	6	5	7
9	7	2	8	5	6	4	3	1
1	5	6	4	3	7	9	8	2

#266

7	6	2	3	4	9	1	5	8
8	4	5	6	7	1	9	3	2
3	1	9	5	8	2	6	7	4
5	9	8	4	6	3	2	1	7
6	7	1	9	2	8	3	4	5
4	2	3	7	1	5	8	6	9
1	3	7	8	9	4	5	2	6
9	5	6	2	3	7	4	8	1
2	8	4	1	5	6	7	9	3

#267

3	8	6	4	9	7	2	5	1
2	9	1	5	3	8	7	4	6
5	4	7	1	6	2	8	9	3
9	6	8	2	7	1	5	3	4
1	5	3	6	8	4	9	7	2
4	7	2	9	5	3	6	1	8
8	3	5	7	1	6	4	2	9
7	1	4	8	2	9	3	6	5
6	2	9	3	4	5	1	8	7

#268

4	7	6	5	1	9	8	3	2
9	8	5	4	2	3	6	1	7
2	1	3	8	6	7	9	5	4
7	3	9	1	5	6	2	4	8
5	4	2	7	9	8	3	6	1
8	6	1	2	3	4	7	9	5
6	5	7	9	8	1	4	2	3
1	9	4	3	7	2	5	8	6
3	2	8	6	4	5	1	7	9

#269

1	2	4	7	3	6	5	9	8
5	9	7	2	1	8	4	6	3
8	6	3	9	5	4	1	7	2
6	8	5	3	7	9	2	4	1
4	3	2	1	6	5	7	8	9
7	1	9	8	4	2	3	5	6
3	5	6	4	8	1	9	2	7
2	4	1	6	9	7	8	3	5
9	7	8	5	2	3	6	1	4

#270

3	9	1	4	7	5	6	8	2
6	2	7	1	9	8	4	5	3
5	4	8	6	3	2	1	9	7
9	5	2	7	6	1	8	3	4
4	1	6	9	8	3	7	2	5
7	8	3	5	2	4	9	1	6
2	7	9	8	5	6	3	4	1
8	3	4	2	1	7	5	6	9
1	6	5	3	4	9	2	7	8

#271

3	9	7	6	4	2	5	1	8
8	2	4	9	1	5	7	3	6
1	5	6	8	3	7	4	9	2
5	3	9	4	7	6	2	8	1
2	4	8	5	9	1	3	6	7
6	7	1	2	8	3	9	5	4
9	1	2	7	5	8	6	4	3
4	6	3	1	2	9	8	7	5
7	8	5	3	6	4	1	2	9

#272

2	4	7	3	8	5	9	1	6
9	3	1	7	6	2	8	5	4
5	8	6	1	4	9	2	7	3
3	5	9	2	1	8	6	4	7
4	6	2	5	7	3	1	9	8
1	7	8	4	9	6	5	3	2
6	9	4	8	5	7	3	2	1
7	2	5	6	3	1	4	8	9
8	1	3	9	2	4	7	6	5

#273

5	4	6	7	2	8	1	3	9
7	3	9	5	4	1	8	2	6
2	1	8	3	6	9	5	7	4
9	2	5	1	7	6	3	4	8
6	7	4	2	8	3	9	1	5
3	8	1	9	5	4	7	6	2
8	5	7	6	1	2	4	9	3
4	9	2	8	3	7	6	5	1
1	6	3	4	9	5	2	8	7

#274

5	3	1	6	8	2	9	7	4
6	2	4	7	5	9	1	8	3
8	7	9	3	4	1	6	2	5
7	4	3	2	1	8	5	6	9
9	5	2	4	3	6	7	1	8
1	6	8	9	7	5	4	3	2
4	1	6	8	9	3	2	5	7
2	8	7	5	6	4	3	9	1
3	9	5	1	2	7	8	4	6

#275

4	3	1	5	8	2	9	6	7
6	2	9	1	7	3	4	5	8
8	7	5	9	4	6	2	1	3
7	4	2	3	9	5	6	8	1
9	8	3	4	6	1	7	2	5
5	1	6	8	2	7	3	4	9
2	9	8	7	5	4	1	3	6
1	5	4	6	3	9	8	7	2
3	6	7	2	1	8	5	9	4

#276

8	4	6	3	2	1	5	7	9
1	9	7	6	5	8	4	3	2
3	5	2	9	7	4	6	8	1
2	6	8	7	4	5	1	9	3
7	1	4	2	9	3	8	5	6
9	3	5	1	8	6	7	2	4
4	7	9	5	6	2	3	1	8
5	8	1	4	3	9	2	6	7
6	2	3	8	1	7	9	4	5

#277

5	6	4	1	2	9	8	7	3
8	2	9	7	6	3	5	1	4
1	3	7	5	4	8	9	6	2
6	7	8	3	5	1	4	2	9
3	9	5	4	7	2	6	8	1
4	1	2	9	8	6	3	5	7
9	8	1	2	3	5	7	4	6
2	4	6	8	9	7	1	3	5
7	5	3	6	1	4	2	9	8

#278

5	3	2	4	8	7	1	9	6
1	7	4	6	2	9	5	8	3
8	6	9	3	5	1	2	4	7
7	8	6	1	3	2	4	5	9
2	1	5	9	6	4	7	3	8
4	9	3	8	7	5	6	1	2
9	2	7	5	4	8	3	6	1
3	4	1	7	9	6	8	2	5
6	5	8	2	1	3	9	7	4

#279

4	6	3	7	2	8	9	1	5
5	9	1	6	4	3	2	7	8
2	7	8	9	5	1	4	3	6
9	2	5	4	6	7	3	8	1
1	4	7	8	3	9	6	5	2
8	3	6	5	1	2	7	4	9
3	8	4	2	9	5	1	6	7
6	5	9	1	7	4	8	2	3
7	1	2	3	8	6	5	9	4

#280

8	6	9	7	4	2	3	1	5
4	5	7	1	3	6	8	9	2
2	3	1	5	8	9	4	6	7
1	8	6	3	9	5	2	7	4
3	2	5	4	1	7	9	8	6
7	9	4	6	2	8	1	5	3
5	1	2	8	6	3	7	4	9
6	4	3	9	7	1	5	2	8
9	7	8	2	5	4	6	3	1

#281

8	9	7	3	4	1	5	2	6
1	6	3	8	2	5	7	4	9
4	5	2	9	6	7	3	8	1
3	8	9	2	7	6	4	1	5
6	4	5	1	9	3	2	7	8
7	2	1	4	5	8	6	9	3
5	7	4	6	1	9	8	3	2
2	1	8	5	3	4	9	6	7
9	3	6	7	8	2	1	5	4

#282

5	6	3	1	2	7	9	8	4
8	2	1	4	6	9	7	5	3
7	4	9	5	3	8	6	2	1
4	3	5	8	1	6	2	7	9
2	8	7	3	9	4	5	1	6
9	1	6	2	7	5	3	4	8
3	9	8	7	4	2	1	6	5
1	5	2	6	8	3	4	9	7
6	7	4	9	5	1	8	3	2

#283

6	2	9	3	5	1	7	4	8
7	3	8	9	2	4	6	1	5
1	4	5	7	6	8	9	3	2
9	1	4	8	3	5	2	7	6
2	8	3	4	7	6	5	9	1
5	6	7	1	9	2	3	8	4
3	5	1	2	4	7	8	6	9
8	9	2	6	1	3	4	5	7
4	7	6	5	8	9	1	2	3

#284

4	6	1	2	9	8	5	7	3
8	3	7	6	5	4	9	2	1
5	2	9	7	1	3	4	6	8
7	5	4	8	6	1	3	9	2
9	8	6	3	7	2	1	5	4
3	1	2	5	4	9	7	8	6
6	9	3	1	2	7	8	4	5
1	7	5	4	8	6	2	3	9
2	4	8	9	3	5	6	1	7

#285

5	6	1	8	9	7	4	2	3
8	9	4	3	5	2	1	7	6
3	2	7	4	1	6	9	8	5
7	4	9	1	6	8	5	3	2
6	1	5	7	2	3	8	9	4
2	3	8	9	4	5	6	1	7
1	7	6	2	8	4	3	5	9
9	5	2	6	3	1	7	4	8
4	8	3	5	7	9	2	6	1

#286

6	4	7	1	3	8	5	2	9
2	9	5	6	4	7	8	3	1
3	1	8	9	5	2	4	7	6
1	2	9	8	7	3	6	4	5
4	8	3	2	6	5	1	9	7
5	7	6	4	1	9	2	8	3
8	3	4	5	9	6	7	1	2
9	5	2	7	8	1	3	6	4
7	6	1	3	2	4	9	5	8

#287

4	3	2	6	1	9	5	8	7
9	6	7	4	8	5	2	3	1
1	8	5	3	2	7	4	6	9
5	2	9	1	6	4	8	7	3
7	4	6	9	3	8	1	2	5
8	1	3	5	7	2	9	4	6
3	9	4	8	5	6	7	1	2
2	5	1	7	4	3	6	9	8
6	7	8	2	9	1	3	5	4

#288

7	2	1	4	6	5	3	9	8
8	6	5	1	9	3	7	2	4
3	9	4	2	8	7	6	1	5
1	5	8	3	2	4	9	7	6
2	7	3	9	5	6	4	8	1
6	4	9	8	7	1	2	5	3
4	3	2	5	1	9	8	6	7
9	1	6	7	4	8	5	3	2
5	8	7	6	3	2	1	4	9

#289

8	9	5	6	3	4	1	7	2
6	7	2	8	1	5	3	4	9
3	1	4	9	7	2	5	6	8
1	8	6	2	5	9	4	3	7
5	2	7	3	4	6	9	8	1
9	4	3	1	8	7	6	2	5
2	5	8	4	6	1	7	9	3
7	6	9	5	2	3	8	1	4
4	3	1	7	9	8	2	5	6

#290

4	8	6	9	7	1	5	2	3
2	1	9	6	3	5	4	7	8
3	5	7	2	4	8	1	6	9
7	3	4	1	6	9	2	8	5
5	6	1	4	8	2	9	3	7
8	9	2	7	5	3	6	1	4
9	2	5	3	1	7	8	4	6
1	4	3	8	9	6	7	5	2
6	7	8	5	2	4	3	9	1

#291

5	1	3	8	9	2	7	6	4
2	7	8	1	4	6	9	3	5
9	6	4	5	3	7	8	1	2
8	2	6	9	1	5	3	4	7
3	5	9	2	7	4	1	8	6
1	4	7	6	8	3	5	2	9
4	8	5	3	6	9	2	7	1
6	9	1	7	2	8	4	5	3
7	3	2	4	5	1	6	9	8

#292

4	7	2	8	9	3	5	1	6
6	9	5	1	2	4	7	8	3
3	8	1	5	6	7	9	4	2
5	4	3	2	1	9	6	7	8
7	2	6	4	8	5	1	3	9
9	1	8	7	3	6	2	5	4
8	6	7	9	4	1	3	2	5
2	5	9	3	7	8	4	6	1
1	3	4	6	5	2	8	9	7

#293

6	7	2	1	5	4	8	3	9
4	9	1	8	7	3	6	2	5
8	3	5	6	2	9	4	1	7
3	4	9	7	1	2	5	6	8
2	6	7	5	3	8	1	9	4
1	5	8	9	4	6	2	7	3
7	8	6	2	9	5	3	4	1
5	1	3	4	6	7	9	8	2
9	2	4	3	8	1	7	5	6

#294

3	5	9	6	1	7	2	4	8
6	2	1	3	8	4	9	7	5
7	8	4	5	9	2	1	6	3
5	3	7	4	2	6	8	9	1
2	4	8	1	7	9	5	3	6
1	9	6	8	5	3	4	2	7
9	1	2	7	3	5	6	8	4
8	6	3	9	4	1	7	5	2
4	7	5	2	6	8	3	1	9

#295

8	2	1	3	4	6	5	7	9
3	5	7	9	1	2	4	8	6
6	4	9	8	5	7	3	1	2
9	1	3	2	6	8	7	4	5
7	6	4	1	9	5	8	2	3
5	8	2	4	7	3	9	6	1
4	7	6	5	2	9	1	3	8
1	9	8	6	3	4	2	5	7
2	3	5	7	8	1	6	9	4

#296

7	8	6	9	3	5	2	4	1
9	2	1	7	4	6	8	3	5
3	4	5	8	1	2	7	9	6
5	3	2	6	8	1	9	7	4
8	6	4	2	7	9	1	5	3
1	9	7	4	5	3	6	2	8
2	1	8	5	9	4	3	6	7
6	5	3	1	2	7	4	8	9
4	7	9	3	6	8	5	1	2

#297

2	3	6	1	9	8	7	5	4
5	9	8	7	4	6	2	3	1
4	7	1	3	2	5	8	6	9
6	4	7	8	5	1	9	2	3
1	5	9	2	3	7	4	8	6
3	8	2	4	6	9	5	1	7
7	1	3	5	8	4	6	9	2
8	6	4	9	1	2	3	7	5
9	2	5	6	7	3	1	4	8

#298

1	6	5	3	8	7	2	9	4
7	9	8	2	4	5	3	1	6
2	3	4	1	6	9	7	8	5
3	1	9	5	2	8	4	6	7
5	2	6	4	7	1	9	3	8
8	4	7	9	3	6	5	2	1
9	5	3	6	1	4	8	7	2
4	7	1	8	9	2	6	5	3
6	8	2	7	5	3	1	4	9

#299

7	4	5	2	1	3	6	9	8
1	8	3	4	9	6	7	5	2
9	6	2	5	7	8	1	3	4
5	1	9	3	8	4	2	7	6
2	3	6	1	5	7	4	8	9
8	7	4	9	6	2	3	1	5
4	9	8	7	2	1	5	6	3
3	5	1	6	4	9	8	2	7
6	2	7	8	3	5	9	4	1

#300

4	7	6	5	8	3	1	2	9
2	8	1	9	6	7	3	4	5
9	5	3	2	4	1	7	6	8
6	3	2	8	7	5	9	1	4
5	9	4	1	3	6	2	8	7
8	1	7	4	2	9	6	5	3
7	4	5	3	1	2	8	9	6
3	2	9	6	5	8	4	7	1
1	6	8	7	9	4	5	3	2

www.ingramcontent.com/pod-product-compliance
Lightning Source LLC
Chambersburg PA
CBHW080931220526
45465CB00008BA/3017
* 9 7 9 8 6 5 7 3 5 5 5 2 9 *